W0388556

Une année de philosophie

De la même autrice

Kant tu ne sais plus quoi faire… il reste la philo,
Flammarion|Versilio, 2018.

Descartes pour les jours de doute,
Flammarion|Versilio, 2019.

Le Voyage de Pénélope,
Flammarion|Versilio, 2020.

Les Chemins du possible,
Flammarion|Versilio, 2021.

Marie Robert

Une année de philosophie

Illustrations de Lia Rochas-Páris

Flammarion|Versilio

© Flammarion, 2022.
© Versilio, 2022.
ISBN : 978-2-0802-9377-0

À James, et à toutes les pensées
qui révolutionnent nos vies…

« Toute activité, de la première heure de l'aube jusqu'à la dernière flamme vacillant dans la nuit, est pour un véritable poète une préparation. Chaque mot est comme une ligne de pêche lancée dans différentes directions. […] Car c'est un art de déclamer des vers, un art et une souffrance : savoir extraire, de ce qui paraît maigre, quelque chose de plus grand. »

Göran Tunström

Avant-propos

Ceci est une main dans la vôtre. L'aube est encore riche de sa nuit, même si le ciel commence à s'éclaircir. Les yeux bien ouverts mais le corps engourdi, je laisse mes doigts pianoter sur le clavier de mon téléphone. Une des questions que l'on me pose le plus souvent, c'est de quelle manière je choisis mes sujets. J'ai souvent envie de répondre : « J'écoute ce qu'il y a dans ma tête. » Je ne sais pas si cette explication est satisfaisante, encore moins si elle aide à comprendre la façon dont les choses se tissent, mais en tout cas, elle est sincère, fidèle à cette fougue, à ce magma qui me saisit dès le lever du jour.

Ce « ceci est » n'a rien d'exceptionnel. J'ai souvent l'impression de tourner en rond dans le labyrinthe de mes obsessions. J'évite d'ailleurs de me relire, et de juger la qualité de mes propos, incapable, depuis toujours, d'apprécier la pertinence de mes paroles. Je refuse de vouloir rendre esthétique ce qui est simplement un espace vierge servant à déposer les mots en suspens dans mon crâne. Sans cela je crois que j'étoufferais. Que je me consumerais sous la charge mentale, que je périrais sous le manque de concentration et sous le feu des stimuli incessants.

Si je m'y attelle, ce n'est pas par contrainte, ni pour rencontrer le succès, car rien au monde n'est plus précaire que les ambitions bancales. Si je le fais avec tant de discipline, c'est parce que j'en ai besoin. C'est parce que je suis convaincue de la force des rituels, qui à force de répétitions, nous transforment. Et je crois que nous sommes nombreux dans ce cas-là.

Qu'est-ce qu'il y a dans notre tête ? Qu'est-ce qui nous traverse ? Nous questionne ? Nous inquiète ? Quel est cet incongru qui est venu nous tirer de nos songes ? Quel risque prenons-nous si nous laissons nos pensées confuses devenir des phrases ? Est-ce la meilleure façon de passer à autre chose ? Ou au contraire, est-ce ainsi qu'on y donne corps ?

Je n'en sais rien. Je sais juste que chaque matin, j'ai l'impératif besoin de partager mon intime avec la seule espérance qu'il m'échappe, qu'il devienne vôtre, et qu'il s'enroule dans tout ce que nous avons en commun.

Et à l'heure où le digital subit d'incessantes mutations, où l'impermanence des contenus dévore nos esprits submergés par les sollicitations, j'avais envie de revenir à la puissance du papier, à son indispensable désuétude, à la blancheur de la page qui permet d'écrire dans la marge un monde de commentaires. J'avais envie de déployer une année de philosophie, de celle qui se murmure bien plus qu'elle ne se déclame. Et pour l'illustrer, il me fallait la confiance et l'élégance d'une amie de vingt ans, Lia Rochas-Páris, dont les collages expriment la même tentative : dire le monde avec tous les fragments qui nous composent.

Ce projet n'est pas le mien. Il appartient à ceux qui le font vivre. À ceux qui choisissent d'explorer l'amour et ses ombres, à ceux qui flirtent avec les méandres de l'existence et à ceux dont la confiance chavire pour mieux se construire.

Je vous souhaite d'écrire ce qui vient.

Printemps

Ceci est un ciel très grand. Il y a presque dix ans maintenant, j'ai monté quatre à quatre les escaliers menant au cabinet de la psychanalyste Anne Dufourmantelle. Je n'y allais pas pour une consultation, mais pour une interview philosophique commandée par un magazine. À peine les premiers mots prononcés, j'avais déjà la sensation qu'il se passait entre nous quelque chose dont j'allais me souvenir longtemps. Ce jour-là, Anne a décidé de me parler d'un texte du philosophe Jan Patočka. Il était question de faire place à notre désordre, sans vouloir le résoudre, ni même l'apprivoiser. Il y avait aussi la proposition de vivre sa vie dans l'amplitude, d'aller à la rencontre de cet irréconcilié en nous, par rapport au réel. Anne insistait sur le fait que pour explorer l'amplitude, il fallait parfois affronter des extrêmes émotionnels à l'inverse de vouloir trouver immédiatement la sérénité. De temps en temps, dans nos vies, on arrive dans des territoires inconnus de soi et de la réalité, face auxquels on n'est pas nécessairement armés. Que faire face à ces gouffres ? J'entends encore sa voix me répondre : « À vouloir seulement être dans des valeurs de paix, de bonheur, de tranquillité, de sérénité, on fait l'impasse, non pas sur le négatif en tant que tel, mais sur l'irréconciliable, sur le scandale, et il me semble que c'est un très grand travers de cette époque. On veut bien du négatif si on fait un progrès vers, mais on ne veut pas du négatif comme tel. Il faut apprendre à se laisser inquiéter. » La tristesse n'est pas une émotion à dissoudre ; au contraire, elle est une manière de vivre l'amplitude. De vivre avec nos très hauts, nos très bas, et nos à-côtés. On ne peut pas avoir une vie ample si on n'a pas des émotions amples. Ma chère Anne n'est plus. Et tant d'autres non plus. Et des milliers de pertes, chaque jour, nous rappellent à ce terrible scandale de la vie qui s'éteint. Alors plutôt que de plonger dans des consolations illusoires, honorons le goût de l'amplitude qu'ils nous laissent en cadeau. Je vous souhaite de naviguer de la terre jusqu'au ciel.

Ceci est une conviction. Il y a quelques mois, je discutais avec quelqu'un qui m'a dit vouloir être aimé « comme au premier jour ». J'ai laissé les mots filer dans le flux de la conversation. Mais depuis, ils n'arrêtent pas de s'entrechoquer en moi. Car comment aime-t-on au premier jour ? On aime sans connaître, on aime sans avoir appris l'autre, on aime par projection, on aime à travers soi. C'est le temps de l'excitation et de la mise en scène. Et c'est infiniment charmant. Pourtant, veut-on que ce joli badinage dure toute la vie ? Est-ce qu'il n'y a pas autre chose ? L'amour du deuxième, du troisième et même du dernier jour. Celui qui doit sans cesse se réinventer, lutter, construire. Celui qui à la surface répond par la profondeur, qu'importe si c'est parfois celle des ténèbres. L'amour qui dure, pas celui qui se consomme. Pour tenter de l'approcher, pas d'autre stratégie qu'être là, mis à nu, tendu vers l'écoute et l'observation. Et se souvenir un instant que « l'autre » n'est pas qu'une fonction mais un individu. Car au fond, dans chacune de nos relations, nous ne sommes pas seulement des conjoints, des enfants, des frères et sœurs, des copains, des parents, et autres titres qui supposent et imposent des comportements, mais nous sommes aussi, et surtout, des êtres. Des âmes et des corps animés de paradoxes, traversés par des désirs, habités par des peurs, emprunts de changements. Alors, quand avons-nous, pour la dernière fois, regardé ceux que nous aimons comme s'ils nous apparaissaient soudain ? Comme s'ils émergeaient d'un monde englouti, loin de nos habitudes et de nos accélérations ? Et si nous prenions ce temps pour l'autre ? Et si nous changions un instant de rive, pour nous rendre compte à quel point il est précieux ? Et si nous entrions en résonance ? Je vous souhaite l'amour des jours qui suivent, celui plus fort que tout.

Ceci est une lettre d'amour. Récemment, j'ai perdu confiance en moi. Ce n'est pas vraiment que cette confiance ait un jour été solide, mais disons que ces derniers jours, son socle est devenu particulièrement mouvant. C'est assez pernicieux comme phénomène, le doute s'immisce doucement, on trébuche un peu, on se regarde plus sévèrement que d'habitude, et puis la machine s'enclenche. Cette mélodie si bien connue de l'autocensure. L'insupportable phénomène. La réaction en chaîne. On se trouve nul, donc on renonce, on n'ose plus, on ne crée plus, on n'avance plus, et in fine, on se trouve encore plus nul. C'est étonnant comme ça se met en place facilement. Comme ça conquiert tout le corps. Comme ça paralyse l'esprit. Comme ça abîme nos rapports à autrui. On en veut aux autres d'être témoins du spectacle affligeant que constitue notre personne. On s'en veut d'être si pénible. Et on ajoute une couche d'inconfort à notre état. On pourra toujours dire que c'est égocentrique, ça l'est, et que cette histoire de confiance est un caprice pour ceux qui ont le loisir de se regarder, ce sera vrai aussi. On aura beau aligner quelques citations bien senties, toujours est-il que la sensation est bien là. Avoir la nausée de sa personne et vouloir se mettre en retrait du monde. Au fond, je me demande si cette perte n'est qu'une affaire de « soi », si l'absence de confiance n'est pas plutôt une absence de confiance en l'autre, en sa capacité à nous aimer tel quel et en la capacité du sol à nous porter quoi qu'il arrive. Le manque de confiance met en péril notre croyance relationnelle, il est en dialogue avec un possible abandon. Il craquelle nos évidences et fait de la confiance en la vie un horizon obscur. Alors à l'issue de cette semaine pesante, je n'ai pas de méthode, mais une certitude : à défaut d'avoir confiance en moi, je veux avoir confiance en l'autre. Une confiance à l'aune de mon amour pour les gens. Je vous souhaite une journée de repos et de tendresse infinie.

Ceci est un réconfort. À tous ceux qui ce matin se réveillent épuisés. À tous ceux qui souffrent de l'absence des êtres aimés. À tous ceux qui cheminent dans les forêts lointaines de leurs tourments. À tous ceux qui se sentent trop, ou peut-être pas assez. À tous ceux qui voudraient que leur journée rayonne sous un autre ciel. À tous ceux dont les larmes glissent sur le rebord du cœur. À tous ceux dont la gorge se serre à l'évocation d'un lieu, d'un nom, d'une pensée. À tous ceux qui ferment une porte derrière eux. À tous ceux qui ne savent plus comment faire. À tous ceux plongés dans la lumière crue d'un quotidien vengeur. À tous ceux qui ne trouvent plus leur place sur cette curieuse terre. À tous ceux dont les ressources s'épuisent. Ensemble, arrêtons-nous un instant, une seconde à peine, et contemplons le fond de notre chair, l'épaisseur de notre sang, la solidité de nos os, cette force que rien n'altère. Ce battement absurde qui nous conduit ici, sans mission, sans but, sans certitude, juste nu face à l'étrangeté du monde. Nu mais capable d'un geste, d'une voix, d'un souffle, de renverser la mer, de tendre la main, de dépasser les impossibles, de couper court à l'abject, d'appeler à l'aide, de croire en la beauté, et de nous lier pour transformer la nuit en jour. À tous les cœurs enragés que rien n'arrête, je vous souhaite du courage, la puissance de l'amour infini.

Ceci est la plus belle des rencontres. Récemment dans un podcast, j'ai entendu l'invité déclarer : « Les liens du sang sont largement surestimés. » J'ai trouvé la tournure amusante, mais après mon premier sourire, c'est un léger frisson qui a parcouru ma colonne vertébrale. D'aussi loin que je m'en souvienne, mon sentiment d'appartenance n'est pas passé par les gènes. Je ne me suis jamais sentie liée par ce curieux fil que l'on appelle l'ADN. Je n'ai pas été fascinée à l'idée de le reproduire. Je n'ai pas ressenti de fierté à la perspective d'une ascendance. Je ne nie pas la somme de nos transmissions, mais le passé, pour moi, circule par la force de l'esprit et non par le droit du sang. Je n'ai pas cherché à reconnaître mes traits dans ceux de ma famille, je n'ai pas questionné la singularité de mes yeux bleus parmi leurs regards bruns. En revanche, je sais une chose, c'est que ce qui nous lie est la puissance d'un amour infini. Aujourd'hui, c'est l'anniversaire de ma maman, et à chaque fois que je la regarde, je ne pense pas à une provenance, encore moins à un ventre m'ayant abritée, mais je suis bouleversée par la chance que j'ai de l'avoir rencontrée, et d'avoir pu cheminer depuis trente-six ans à ses côtés. Je l'aime en tant qu'individu, pour son espièglerie, sa fougue, sa pertinence. Je l'aime pour les dialogues sans début ni point. Je l'aime sans autre dépendance que celle du cœur qui se déchire à chaque séparation. Je l'aime au-delà des modalités que l'on fige. Je l'aime pour l'éducation, qui aura toujours plus de solidité que les prophéties de l'inné. Je l'aime pour notre complicité que rien n'étiole et pour nos différences. Je l'aime dans la terreur extrême de sa disparition. Alors tous les jours, et plus encore le 11 avril, j'honore sa vie. Et je profite de cette date pour réfléchir à nos familles construites, plutôt qu'à celles subies. À nos âmes liées, à nos sœurs de cœur, à nos frères de vie, à nos parents par procuration, à nos cousins d'existence, à toutes nos fabrications. Merci aux miens d'être venus dans mon existence. Et à ma maman d'être mon soleil quotidien. Je vous souhaite d'heureuses adoptions.

Ceci n'est pas idiot. Il y a peu, en attendant un café, j'écoutais malicieusement les trois jeunes filles racontant, à côté de moi, leurs histoires de cœur. Je me suis dit que c'était fou toutes les heures que nous avions passées à parler d'amour lorsque nous étions adolescents. Dans le couloir entre deux cours, dans les toilettes pour échapper aux surveillants, dans la cour, à la pause déjeuner, ou encore au téléphone. Comment oublier ces conversations infinies n'ayant pas d'autre but, ni d'autre ambition, que de décortiquer la romance ? Des séances entières dédiées à l'interprétation d'un regard, d'un mot lâché pendant la classe d'espagnol. L'adolescence fait de l'amour sa grande affaire, son gouffre et sa nécessité. Des timides aux mal à l'aise, des premiers de la classe aux rebelles du lycée, l'amour, ou du moins l'idée qu'on s'en fait, est une eau dans laquelle on rêve de plonger. Et puis, le vertige des années finit par nous happer. Notre esprit balbutie et peine à se souvenir des émois, des odeurs, des hontes insurmontables et des joies insensées. L'amour n'a pas disparu, mais il n'envahit plus les pages de nos agendas. Il est un socle, un horizon. Le lieu de nos sécurités, de notre confort, de nos constructions. L'amour n'est plus sujet, car son eau s'est infiltrée dans nos vies. Elle se glisse et se faufile, parmi les dossiers, les enfants, les machines à laver, les baby-sitters, les listes de courses, les petites trahisons et les grandes déceptions. Et c'est tant mieux, car l'amour tire sa force de ses transformations. Mais peut-être que parfois, il faudrait avoir le courage de déconstruire la courbe des jours, en regardant nos quotidiens à l'aune de nos yeux d'adolescents. Avec fièvre, agitation, fierté. Comme si nous venions de croiser l'autre à la sortie du lycée. Voilà sans doute pourquoi je tente sans cesse d'écrire l'amour : pour ne jamais laisser ce sentiment être aspiré par le néant des jours. « Suis-je amoureux ? — Oui, puisque j'attends. » – Roland Barthes. Je vous souhaite une journée où l'amour demeure la plus grande et la plus urgente des affaires.

Ceci est un cri du cœur. Récemment, j'ai eu un commentaire très désagréable sous mon post. C'est rare, parce que je crois qu'ici, il n'est pas question de « convaincre » ou de « plaire » mais de « dialoguer », ce qui suppose de renoncer à l'agressivité. Je l'ai donc retiré et ai bloqué l'expéditeur. Je ne pratique pas la censure, mais la confusion des propos était telle qu'il aurait été difficile de débattre ou d'échanger. Et surtout, la violence du jugement m'a vraiment heurtée. Je suis infiniment sensible et en doute permanent. La critique des autres sera toujours un peu plus supportable que la mienne. Mais ici, la personne évoquait le thème de la légitimité. Elle considérait mes mots comme de la fumée et me comparait à Cyril Hanouna. Je ne connais pas bien Cyril Hanouna, et je me méfie des comparaisons. En revanche, je cerne bien le problème de la légitimité qui me hante souvent. Ce n'est pas la première fois qu'on m'adresse ce type de jugement. Qui suis-je pour prétendre faire de la philosophie et vouloir la rendre sexy ? J'ai parfois envie d'afficher mes diplômes pour justifier mon travail, sauf que ça n'aurait pas de sens, car je suis bien placée pour savoir qu'aucun diplôme ne garantit la vivacité de l'esprit. Alors quoi ? L'auteur du commentaire fait partie de ces gens qui attribuent des bons et des mauvais points. Or, combien d'entre nous ont été cassés dans leurs élans par ce genre de remarque ? Combien d'entre nous ont entendu leurs parents, leurs professeurs ou leurs entraîneurs les traiter d'incapables, les conditionnant ainsi pour des décennies ? Il y aurait les vrais philosophes et les faux. Les bons et les méchants. Les beaux et les laids. Ceux qui méritent et ceux qu'on doit humilier. Je n'ai pas envie de participer à cette hiérarchie-là. Mon métier est l'enseignement, il consiste à répéter à tous qu'il n'y a de vrai que l'action, la tentative, l'hypothèse. La légitimité ne vient pas des autres, mais de celle qu'on se donne, et de nos erreurs qui nous font apprendre, comprendre, progresser. Le reste, effectivement, est de la fumée. Je vous souhaite d'avoir confiance en vous, suffisamment pour tout traverser.

Ceci est une énigme. Récemment, j'ai discuté avec une femme qui évoquait le parcours d'une amie à elle. Après avoir traversé un moment compliqué dans son couple, il lui fallut six ans pour finalement se séparer, et rejoindre le chemin qui était le sien. Six années pour mûrir une décision et trouver les ressources nécessaires à son départ. En l'écoutant m'est revenue cette question qui me hante régulièrement : pourquoi part-on et pourquoi reste-t-on ? Évidemment, le dilemme est d'autant plus intense qu'il concerne la vie amoureuse, domaine qui condense nos fragilités et nos fantasmes. Mais l'enjeu, il me semble, s'incarne dans tous nos liens. Professionnels, amicaux, familiaux, idéologiques. Qu'est-ce qui fait que l'on tient ? Et qu'un jour on ne supporte plus ? Qu'est-ce qui était déjà là, aux sources de nos rencontres, et qu'on a refusé de voir jusqu'à ce que nos yeux s'ouvrent grands ? Et à l'inverse, qu'est-ce qui fait qu'on y croit encore, malgré tous les malgré, et qu'on cumule les dernières chances en les étirant jusqu'à l'infini ? Est-ce qu'il y a des motifs rationnels pour s'en aller ou pour s'accrocher ? Les enfants, l'habitude, les finances, la tradition, la nostalgie, l'espérance, la résilience, le devoir, la liberté ? Ou est-ce qu'au fond il n'y a que la parole du corps ? Quelle dose de larmes, de souvenirs et d'amour faut-il pour enfin trancher ? Je n'ai aucune réponse ni savoir sacré. Je ne suis pas à l'aise avec les ruptures, je crois même, au fond de mon âme, à la puissance de l'inconditionnel qui dépasse nos modalités, mais je me souviens aussi de ces mots de Claire Marin qui associe le départ à la réparation : « La rupture est une réparation quand elle nous permet d'en finir avec ce qui nous fait souffrir. Elle est libératrice quand elle nous défait d'un milieu, d'un mode de vie ou d'un personnage dans lequel nous étions malgré nous enfermés et qui nous rendait malheureux. Rompre avec son bourreau, qu'il s'agisse d'un adulte maltraitant, d'un collègue harceleur, d'amitiés destructrices, permet de réparer le sujet blessé. » Je vous souhaite de toujours choisir la puissance de la réparation, que ce soit pour partir ou pour rester.

Ceci n'est pas la lune. Il y a une émotion que j'ai un mal fou à gérer. C'est un rivage particulièrement aride, qui, lorsque je m'y cogne, provoque chez moi un torrent de larmes. Il s'agit de la déception. Littéralement, c'est l'état de celui qui se trompe dans son attente. La déception indique qu'il y a un écart entre les projections que nous avions et ce qu'il s'est réellement passé. On peut être déçu pour un nombre considérable de choses. Déçu d'un moment qu'on espérait parfait et qui s'est révélé chaotique. Déçu de nos amis qui n'ont pas réagi comme on le souhaitait. Déçu d'une création dans laquelle on a mis tout notre cœur mais qui n'a pas rencontré le succès escompté. Déçu de nous-même parce qu'on aurait aimé répondre différemment. La déception est partout et elle semble nous toucher essentiellement négativement. On se sent vulnérable, la peur nous saisit, on anticipe les futurs échecs. L'anxiété monte. Face à la déception, j'ai eu souvent envie de me cacher sous ma couette et de ne plus jamais en sortir. Mais bien que je me méfie des émotions négatives que l'on veut transformer positivement, il faut avouer qu'il y a quelque chose de passionnant dans la déception. On dit fréquemment que pour ne pas être déçu, il faut être « réaliste » ; on affirme que le meilleur rempart est d'arrêter de vouloir « décrocher la lune ». La méthode infaillible, pour ne pas être déçu, serait de ne pas trop attendre des choses, des gens, et même, de la vie. C'est sans doute très pertinent, et je sais que nombreux sont ceux qui ici rejoindront cette idée. Cependant, même si cela me serait bénéfique, je n'ai pas du tout envie d'y adhérer, je n'ai pas envie de me résigner. Je ne veux pas vivre sans envisager que chaque parcelle de vie peut être grandiose, que les gens sont extraordinaires, et que le travail trouve un heureux écho. Mes larmes de déception sont à la hauteur de la foi et de l'amour que je mets dans les choses. Alors, une fois apaisé, ce qu'il reste, c'est la possibilité de comprendre, d'ajuster, de travailler autrement, d'exprimer, de se faire aider. Et encore, et toujours, d'espérer. Je vous souhaite la lune et les étoiles avec.

Ceci n'est pas un papillon. À peine posés, vos yeux sont déjà ailleurs. Combien sommes-nous dès le réveil à aller d'une image à l'autre, sans même prendre le temps d'en mémoriser le contenu ? Brosse à dents dans une main, téléphone dans l'autre, un pied dans la douche et des mails qui tracassent. Être partout et nulle part. L'absolu fantasme d'ubiquité. Le plus grand des enjeux éducatifs : apprendre à maintenir son attention. Mais au fait, qui est-elle cette fameuse attention ? Selon William James, l'attention est « la prise de possession par l'esprit, sous une forme claire et vive, d'un objet ou d'une suite de pensées ». Il s'agit en somme d'une capacité à se focaliser sur quelque chose de précis à l'exclusion de tout le reste. Être là, pleinement, hermétique au reste du monde. Une expérience élaborée par le psychologue Daniel Simons l'illustre bien : quand on demande à des spectateurs d'une partie de basket-ball de compter le nombre d'échanges qu'effectuent les membres de l'une des équipes, la moitié est tellement concentrée sur cette tâche qu'elle ne voit pas passer un gorille noir se frappant le torse. Mais la plupart du temps, cette attention, nous ne parvenons pas à la fixer ; le stress ou les sollicitations extérieures réduisent considérablement le temps que nous octroyons à chaque chose. Nous morcelons notre attention, nous la distribuons en la répartissant. Nous ne nous focalisons plus sur une seule et même tâche, mais nous nous ouvrons à une forme de vigilance multiple. Rien de grave, donc. Nous pourrions continuer à papillonner sans crainte. Sauf que… cela est épuisant. On se trouve éreinté par le maintien de cette veille constante. D'où l'importance de préserver des expériences d'attention « profonde » qui constituent des espaces de ressourcement. La lecture d'un texte, un éclat de lumière dans un miroir, la douceur d'une étoffe, la contemplation d'un tableau, la peau de l'être aimé, qu'importe, pourvu qu'on prenne le temps d'être pleinement quelque part. C'est en préservant ces fragments attentionnels, ces instants d'éternité, que nous faisons face à la dispersion et que nous pouvons enfin souffler. Je vous souhaite une journée pleine d'attention.

Ceci n'est pas une règle d'or. C'est une simple couverture de magazine partagée en story il y a quelques jours. Un titre suffisamment vendeur pour que nos yeux s'arrêtent dessus : « Tout se joue avant douze ans ». Évidemment, j'ai tout de suite souri devant ce propos insensé. Je suis dans l'enseignement, et j'en connais les enjeux, mais je suis aussi bien placée pour savoir que nous apprenons à tout âge et que chaque nouvelle aube est un possible à habiter. Je me suis demandé à quoi renvoyait ce « tout » écrit en lettres majuscules, quelle idée du bonheur, de la réussite, de la connaissance, il véhiculait. Et puis, passé ce moment d'incrédulité amusée, j'ai commencé à ressentir une immense colère. Une lassitude qui, à force de macérer, s'est transformée en une éruption volcanique. Combien de fois avons-nous appuyé sur notre culpabilité en dressant des instants décisifs ? Combien de fois nous a-t-on expliqué qu'il y avait des passages obligés simplement pour nous faire noter que nous les avions manqués ? Quelles étapes de nos existences ont été épargnées par ses injonctions multiples, diverses, et souvent contradictoires ? Par ces « il faut » qui nous étouffent, qui nous font plier, et qui nous poussent à trébucher ? J'ai vu tant de familles se résoudre à d'impossibles jongleries pour suivre des diktats qui ne leur correspondaient pas, tant d'individus être abîmés par des théories n'ayant aucune pertinence dans leurs vies, et tant d'enfants subir des pressions stériles pour rejoindre des horizons prétendument triomphants. Ma colère est infinie, car je crois que la véritable excellence est celle de la cohérence. Qu'est-ce qui compte pour nous ? Et que sommes-nous prêt à faire en conscience ? Si je dois transmettre une chose, c'est apprendre à désobéir pour mieux obéir à soi-même, c'est dans cette consistance que se joue notre vie. Je vous souhaite de n'en faire qu'à votre tête, elle contient déjà tout ce qu'il faut.

Ceci n'est pas à craindre. Il y a peu, quelqu'un m'a écrit un message qui m'a émue ; il y avait dans cette missive une question qui m'a particulièrement interpellée : « Faut-il vraiment passer par la crise d'adolescence ? » Depuis des années maintenant, en tout cas depuis que j'enseigne, je crois pouvoir dire que l'adolescence est l'une des périodes qui me fascine le plus. Donner un cours à des ados, c'est accepter de se montrer nu, sans rempart, sans barrière, sans possibilité de s'enfuir. C'est être face à l'ébullition, pour le meilleur et pour le pire. C'est se prendre en plein visage l'ennui, l'insolence, le désordre, l'exigence, le besoin infini de cohérence et d'absolu. Et sans faire de généralité, il me semble qu'on peut facilement estimer qu'il s'agit bien d'un moment où l'on apprend à dessiner ses contours, où l'on explore, où l'on questionne, où l'on s'affranchit d'un cadre qui nous précède. Et comme toutes les phases de notre existence qui supposent un changement, une réorganisation, un ajustement, c'est parfois houleux, angoissant, vertigineux, et même violent. Mais ça passe, car le propre d'une crise, c'est de n'être qu'un « passage », ce qui littéralement sépare deux moments du temps. La crise condamne un avant pour élire un après. Et l'on construit et l'on déconstruit continuellement. Les Grecs nommaient les hommes « les mortels » et les enfants « les nouveaux ». Il fallait que chaque nouveau soit intégré à un monde plus vieux que lui, un monde fragilisé qu'il puisse renouveler. Ainsi va la crise. Selon Hannah Arendt, l'éducation sert précisément à conserver chez les nouveaux venus cette capacité à innover et à « remettre en place le monde ». La crise, et pas seulement d'adolescence, n'est donc pas un châtiment, elle est une rupture au sein d'un processus, mais elle est aussi ce qui renouvelle et permet d'avancer. Je me méfie des étapes figées et des clichés que l'on attribue aux âges, mais j'aimerais dire de tout mon cœur à cette maman que rien, non rien n'est à craindre, et que ce moment passera comme les autres, apportant avec lui une nouvelle lumière. Je vous souhaite d'avoir confiance en vos crises.

Ceci est un trésor. Il y a cette envie soudaine de se blottir dans les bras de quelqu'un. De s'y lover. De s'y abandonner juste quelques instants. À l'abri du reste. À l'abri du flux ambiant. À l'abri de tout ce qui nous submerge. Se laisser envahir par ce sentiment de sécurité. Et relâcher son corps autant que son âme. Il existe un mot japonais pour traduire cette bulle de protection : *amae*. Même sa prononciation est déjà une ode à la douceur. L'*amae* n'est pas réservée aux amoureux. Elle lie tous ceux qui enfants, amis, camarades, proches ou connaissances, sont capables de s'offrir cet espace. Sans attente, sans projection, sans interprétation. Dans une indulgence absolue et un amour qui, pour une fois, est totalement acquis. Comme une confiance suprême qui nous ramène à la prime enfance. Le droit d'être vulnérable, d'avoir besoin d'affection. De peau, d'odeur, de chaleur. Le droit de ne pas se suffire à soi-même, de ne pas être autonome, de faire de l'étreinte un refuge dans le chaos. Je vous souhaite une journée de câlins et d'amour.

Ceci n'est pas un chronomètre. « Plus que deux dodos ! » s'exclame-t-elle en me regardant, ses petits poings serrés d'impatience. Elle se projette, son corps se tend à l'idée que bientôt la joie sera effective. Mais à observer ses yeux éblouis, la réjouissance est déjà là, dans cette envie tendue vers l'avenir. Dans ce futur dont la beauté se conjugue déjà au présent. Il existe un terme, en néerlandais, pour traduire cette ivresse singulière qu'on ressent à l'égard de ce qui vient. Le *voorpret* porte en lui l'idée d'un pré-amusement, d'une anticipation qui, pour une fois, n'est pas anxiété, crainte, angoisse, mais porte l'agréable. La psychologue Megan C. Hayes, l'explique : « L'idée de *voorpret*, c'est que, plutôt que de nous lamenter des jours, des semaines, des mois que nous avons à attendre avant que le plaisir n'arrive, nous pouvons nous délecter de cette attente. Et pour les Néerlandais, lorsqu'elle est pratiquée correctement, la patience peut être en elle-même un bon moment. » Soudain, en lisant ses mots, quelque chose m'émeut, comme si toutes les parois du temps se réconciliaient et formaient un refuge d'apaisement. Ni frustration, ni nostalgie, ni même présent désincarné, mais un *voorpret* chargé de tout ce que nous sommes et aimons. Être capable de le ressentir, c'est avoir en nous une espérance qui s'affirme, un éclat qui remue nos cellules, et surtout, c'est renoncer à l'indifférence pour mettre de l'importance dans ce que nous vivons. Il y a du poids dans le *voorpret*, pas celui qui épuise, mais celui qui donne de la tenue. Les poings serrés de vie. Alors peut-être est-ce le moment de rejoindre cette petite fille et de nous demander : de quoi sommes-nous sereinement impatient ? Des retrouvailles, une naissance, l'aboutissement d'un projet, des vacances, une guérison, etc. La réponse est à l'aune du sens et de l'intensité que nous donnons à notre quotidien. Je vous souhaite de savourer le *voorpret* et que sa joie déjà vous irradie.

Ceci est un appel. J'aime tellement apprendre des mots et me promener à travers le langage. Récemment, j'ai découvert une notion coréenne. Celle de *hwabyeong*, que l'on nomme aussi « la maladie de feu ». J'aurais bien du mal à prononcer correctement le terme, mais le psychologue américain Edward C. Chang éclaire son sens dans *Philosophie* *magazine* : « En raison d'une culture qui valorise l'harmonie, les sentiments de colère doivent être réprimés. [...] Cependant, lorsque la situation sociale injuste se perpétue, la colère réprimée s'accumule, se densifie et se manifeste sous la forme d'une pathologie émotionnelle. » Les personnes atteintes de *hwabyeong* deviennent de plus en plus irritables, leur humeur explosive s'accompagne même, dans certains cas, d'une sensation physique de brûlure. La fièvre de l'injustice les ronge. Le silence d'une société sourde à ses inégalités enflamme leur chair. Cette maladie rampante frappe aussi bien les victimes directes des injustices que ceux qui y assistent sans pouvoir changer la donne. Mais alors, comment éteindre ce brasier ? Il s'agit peut-être de le percevoir, de considérer son caractère intenable, insoutenable, et de ne pas vouloir balayer sous prétexte que le monde fonctionne ainsi et qu'il y a toujours pire. La justice renvoie au domaine du droit et elle est aussi une catégorie morale. Dans l'Antiquité par exemple, elle est une vertu, et celui qui rend justice est considéré comme « juste ». Mais aussi juridique et éthique soit-elle, elle est aussi émotionnelle. Car la justice comme l'injustice découlent d'une capacité à ressentir le monde, et donc à ne pas y être indifférent. Plus nous donnons d'espace à nos rages, plus nous donnons de puissance à nos actions. Le feu détruit, mais il est aussi ce qui réchauffe. L'harmonie ne naît pas du silence, elle se dessine lorsque toutes ces parties sont à leur place. Ou plutôt, à leur juste place. Récemment, donc, j'ai appris une notion coréenne, puis j'ai lu un article sur une femme battue et vu son visage tuméfié. Je nous souhaite de percevoir la fournaise qui se joue devant nous avant qu'elle devienne enfer.

Ceci n'est pas une honte. Il y a ce moment gênant où tout le monde nous regarde autour de la table et où l'on se sent franchement stupide. On a essayé d'être brillant, mais la tentative a échoué. Au lieu de ça, on s'est lancé dans une blague qui a duré beaucoup trop longtemps, et qu'en plus, il a été nécessaire d'expliquer. L'esprit s'est embrumé, les mots se sont bousculés, et on a l'impression d'être minable, en tête à tête avec notre embarras. Combien de fois ce type de scène nous est arrivé ? Combien de fois avons-nous eu l'impression de nous liquéfier ? De ne pas être à la hauteur, et de n'avoir qu'une seule envie : nous faufiler discrètement ? Chez les Dousouns, en Indonésie, il existe un terme pour décrire cette émotion singulière, on appelle cela *malu*. Le mot désigne ce moment où l'on se sent inférieur face à quelqu'un qu'on estime, qu'il s'agisse d'un collègue, d'un amoureux ou d'un ami. *Malu*, c'est précisément ce qu'on éprouve quand on se retrouve mutique face à quelqu'un qu'on aime ou transpirant dans un entretien d'embauche qui compte pour nous. Mais plutôt qu'être une honte, méritant qu'on se cache sous notre table ou que l'on se déteste pour quelques heures, chez les Indonésiens, c'est une réaction valorisée et considérée comme une preuve de respect, l'expression d'une considération qu'on accorde à autrui. L'embarras devient donc une marque d'attention et de déférence. Il y a même une petite plante dont les Indonésiens pensent qu'elle montre une tendance de *malu*, c'est le « mimosa pudique », communément appelé le *putri malu* dont les feuilles se rétractent lorsqu'on les touche. Comme pour le remerciement, *malu* est une forme d'habitude dans la vie sociale. Il ne s'agit pas de la surjouer, de feindre hypocritement son embarras, mais bien d'accepter qu'il y ait, dans les liens sociaux, des enjeux qui parfois nous dépassent et nous intimident. Mettre des mots sur les méandres de notre vie émotionnelle est une manière de la vivre avec un peu plus de douceur. Alors à la prochaine blague ratée, pensons à l'honneur que l'on fait à nos convives. Je vous souhaite de soigner votre timidité.

Ceci est une invitation. Le matin, j'ai souvent en tête la chanson du Lapin blanc dans *Alice au pays des merveilles* : « En r'tard / en r'tard / J'ai rendez-vous que'que part / Je n'ai pas le temps de dire au revoir / Je suis en r'tard, en r'tard. » Je crois que nous sommes nombreux à être ce lapin en redingote courant après nos obligations. Or, je me demande quelle teneur auraient nos journées si au réveil, nous prenions le temps, non pas de méditer mais plutôt de dialoguer avec les éléments autour de nous. Si le matin, au lieu d'être happé par nos interminables *to do list*, par nos angoisses du faire et par le tourbillon du temps qui presse, nous volions quelques instants pour regarder l'infini du ciel et entendre ce qu'il a à nous dire. Il ne s'agit pas de plonger dans notre intériorité, mais au contraire, il est question d'ouvrir la fenêtre et d'observer les nuages, le vent, la lune, le soleil, et la somme de tout ce qui se dresse là-haut. Serions-nous différent ? Serions-nous plus humble ? Plus serein ? Plus poète ? Plus curieux ? Plus conscient des saisons, des absents, de l'immensité ? Ou est-ce que cela ne changerait rien ? Je l'ignore. Mais en réfléchissant à cette idée, je me suis souvenue d'une tradition japonaise, celle de *tsukimi*. Littéralement, *tsukimi* signifie « regarder la lune » ; c'est aussi le terme qui désigne la fête de l'entrée dans l'automne. On trouve les premières traces de sa célébration durant la période de Heian, de 794 à 1185. À cette époque, les aristocrates japonais avaient pour habitude de contempler le reflet de la lune dans l'eau en récitant des poèmes. Au fil des années, cette fête a évolué, cependant son fondement est resté identique. Elle consiste en une contemplation profonde, presque solennelle de l'astre. C'est un véritable temps de réflexion et de remerciement adressé à la divinité de la lune : on la remercie d'avoir éclairé les nuits de labeur dans les champs, et on exprime de la gratitude pour tous les bienfaits de la nature. Alors peut-être que je nous souhaite d'être des lapins blancs, capables de regarder le ciel un peu plus souvent que notre montre.

Ceci n'est pas une antiquité. C'est toujours fascinant de voir à quel point l'histoire nous donne accès à des mondes, encore plus lorsqu'on laisse le récit se dessiner à travers des objets. Repenser à un usage nous plonge directement dans une époque, et nous emmène au cœur même de ce passé enfoui, comme si nous étions pris dans un épisode d'*Il était une fois l'homme*. Il n'y a pas longtemps j'ai découvert, sur le site archéologique d'Herculanum, quelque chose qui m'a beaucoup émue : il s'agissait d'un « lacrymatoire ». Une sorte de fiole en verre que l'on trouvait fréquemment dans les tombeaux romains et grecs, et dont on a longtemps cru qu'elle était un récipient servant à contenir les larmes des parents du défunt. Après différentes études, il a été établi que ces lacrymatoires étaient plus vraisemblablement remplis d'onguents et de crèmes parfumées, et qu'ils étaient glissés dans la tombe en signe d'amour éternel. Mais quelle qu'en soit la teneur effective, j'ai trouvé l'idée bouleversante. Imaginons un instant : une fiole de larmes pour marquer un passage. Et si ce n'était pas seulement celui de l'au-delà mais tous les passages de notre vie ? Tous ceux faits de crises, de tumultes, et remplis de ces précieuses larmes qui disent nos peurs, nos doutes, nos angoisses, nos vertiges, nos défaites, nos joies chancelantes, nos incrédulités. Combien de flacons y aurait-il dans notre musée intime ? Combien de fioles pour nous rappeler le chemin parcouru et tous les sauts qu'il a fallu faire afin de rejoindre l'autre côté de la falaise ? J'aime l'idée d'honorer ces périodes de chaos, d'y mettre de l'amour et de la gratitude. Chaque fiole représenterait les transitions dont nous avons été capable, les transformations que nous avons arrachées à nos adhérences les plus tenaces. Nous allons d'une apparence à l'autre, d'une vie à l'autre en collectionnant ces fioles ; je suis heureuse que le passé puisse nous le rappeler. « Dans toutes les larmes s'attarde un espoir. » – Simone de Beauvoir. Je vous souhaite de soigner vos musées.

Ceci n'est pas de tout repos. Je me demande ce que c'est de ne pas se poser de questions, de traverser les jours comme s'ils répondaient à une parfaite évidence, de trouver anodin, peut-être même normal, le fait d'aimer, de grandir, de vieillir, de déménager, de faire des enfants, de se séparer, de collaborer, d'enterrer des gens qu'on a connus vivants. Ça m'intrigue de comprendre de quelle manière on vit lorsqu'on sait avancer sans être saisi par un vertige métaphysique à chaque pas. Sans avoir le cœur qui palpite d'émotions, la gorge qui se serre d'angoisses, l'esprit qui ne sait plus à quelle analyse se vouer. Qu'est-ce que c'est d'enfiler l'existence comme une chemise parfaitement coupée ? De penser qu'on est légitime en permanence, que les choses nous sont dues, qu'on est exempt d'erreurs, de regrets, de maladresses ? Qu'est-ce que c'est de ne pas chanceler, de ne pas interroger, de ne pas perdre pied ni demander pardon ? Je l'ignore. Et je crois qu'il est sans doute trop tard pour le découvrir. C'est éreintant de réfléchir, éreintant d'avoir une sensibilité exacerbée, et même si ça n'empêche pas d'agir, c'est parfois un gouffre qui nous condamne à l'exigence, au souffle coupé et au ventre noué. Pourtant, malgré tout cela, il y a quelque chose de noble dans l'introspection. Car c'est certainement là que réside la liberté. Trouver en soi les clés du mouvement. Aller regarder profondément et ne pas redouter ce qu'on va y découvrir. Faire de la complexité le seul horizon du possible. Et encore une fois, ces mots, les mêmes mots, comme une pierre à polir, comme un horizon à contempler : « Je veux dire qu'il ne faut pas lâcher prise, il faut aller jusqu'au bout. Je me rappelle que c'était le premier conseil que j'ai dû recevoir de mon maître quand j'étais en classe de philosophie. Il me disait de ne pas avoir peur, d'aller droit toujours à la difficulté, à ce qui vous embarrasse le plus. Ne pas contourner l'obstacle, l'aborder de front et ne pas lâcher prise. » – Paul Ricœur. Je vous souhaite une journée de fougueuses questions.

Ceci est un monument. À seize ans, on se trouve trop grosse. À dix-huit ans, ce sont les seins qui ne sont pas assez bombés. À vingt-deux ans, on aimerait être plus souple. À trente-cinq ans, on scrute ces nouvelles lignes apparues au coin des yeux. À trente-huit ans, c'est une histoire de fermeté. À quarante-cinq ans, de cellulite. À cinquante-quatre ans, de graisse abdominale. À soixante-huit ans, ce sont les bras qui semblent trop mous. À soixante-dix-sept ans, c'est la hanche. À quatre-vingt-cinq ans, c'est le pancréas. Notre corps. Allons-nous un jour nous entendre ? Tantôt détesté, abîmé, contrarié, fragilisé, maltraité, abandonné, purifié, abusé, ignoré, etc. Il est le réceptacle de tous nos chaos, de toutes nos peurs et de tout ce que porte notre lignée. Combien d'injonctions lui infligeons-nous chaque jour ? Si l'aliénation de la femme passe par le corps, affirmait l'anthropologue Françoise Héritier, alors la libération doit aussi passer par là. Oui mais comment faire ? Que faire de cette rage lorsque notre corps ne répond pas à nos fantasmes de minceur, de force, de fermeté ? « Ce qui est inculqué à l'enfant, dès sa petite enfance, sur la représentation qu'il a de son corps va le poursuivre toute sa vie. Changer ces représentations est une œuvre collective qui ne peut passer que par l'action. La seule manière d'y arriver c'est de faire prendre conscience. » – Françoise Héritier. Prendre conscience. C'est autre chose que de donner l'illusion d'une forme de tolérance. C'est transformer nos paroles et nos regards, ceux que nous nous adressons, ceux que nous adressons aux autres, et plus encore ceux que nous adressons aux enfants. C'est être capable de prendre la mesure de cette chair qui nous porte, de ce prodigieux amas de cellules et de sang qui nous permet de vivre. C'est l'écouter suffisamment pour enfin répondre à ses besoins et non aux représentations digitales. C'est l'honorer avec le respect et la déférence qu'il mérite. Comme une cathédrale qui pourrait elle aussi s'effondrer. Je vous souhaite d'aimer votre corps autant qu'il le mérite.

Ceci est un voyage intérieur. C'est curieux comme nos gestes sont automatiques. On se lève et on se love dans nos rituels. Qu'on se brosse les dents, qu'on traîne au lit, ou qu'on saute dans un jean pour aller faire un tour, la perspective est la même : on fait. Pourquoi ? Parce que c'est comme ça et parce que ça a toujours été le cas. Parce que depuis l'enfance on mange des yaourts à la framboise sans se demander si on aime vraiment ça. Parce qu'on s'entoure de constructions sans chercher à savoir si elles nous protègent ou nous abîment. Et c'est pareil pour absolument tout dans la vie.

Bien entendu, ce cadre est infiniment rassurant, et surtout nécessaire. Il nous permet d'aller vite, de mener notre vie et de bâtir des sociétés. Mais que se passerait-il si, ce matin, pour une fois, nous contemplions nos habitudes avec le regard d'un étranger ? Si nous cheminions dans notre matinée comme dans une terre inconnue ? Qu'est-ce qui nous interpellerait ? Qu'est-ce qui nous choquerait si nous n'avions pas ce filtre de la répétition quotidienne ? Quelles seraient nos révélations si nous adoptions le point de vue de l'étrangeté ? L'étrangeté se trouve dans l'œil de celui qui « découvre » ce qu'il regarde. C'est ici que l'évidence devient une énigme. Le familier disparaît et laisse le champ libre. C'est la leçon de *La Nausée* de Sartre, dont l'antihéros, Antoine Roquentin, qui se contentait jusque-là de vivre comme tout le monde, s'avise un beau jour que les hommes ressemblent à des « paquets tièdes ». Le monde devient alors un curieux espace : la langue est un « mille-pattes qui gratte la gorge », le visage « une carte géologique à la lisière du monde végétal » où s'entrelacent « crevasses et taupinières », et le sexe féminin est un « petit jardin avec des arbres bas et larges d'où pendent d'immenses feuilles couvertes de poils où courent des fourmis ». Les métaphores sont troublantes, elles nous dégoûtent, nous séduisent ou nous percutent, mais c'est bien le but de la pratique. Faire de l'étrangeté l'art d'être dépaysé chez soi. Comment allez-vous vous regarder aujourd'hui ? Je vous souhaite d'être explorateur.

Ceci est une paire de lunettes. Comment perçoit-on le monde ? C'est une question étrange et pourtant ce matin, elle m'est essentielle. Comment regarde-t-on les choses autour de nous ? Avec attention, méfiance, suspicion ? Avec douceur, tendresse, confiance ? Est-ce que les objets nous indiffèrent ? Ou est-ce qu'on les sacralise comme si rien n'était plus précieux ? Est-ce que les animaux sont de simples présences ou est-ce qu'ils sont pour nous des semblables ? Quelle est notre façon de traverser la réalité ? Peut-être que ces questions vous paraissent absurdes, vaines, ou bien trop ardues pour un matin, et pourtant, j'ai la conviction qu'elles portent en elles un enjeu fondamental. Il y a longtemps, j'ai découvert fascinée les travaux de Philippe Descola, l'un des plus célèbres représentants de l'anthropologie. Dans sa pensée, il classe les cultures humaines en quatre grandes familles, comme autant de rapports au réel. Il y a d'abord les « naturalistes », les plus nombreux en Occident, qui considèrent que les humains et les non-humains sont identiques par leur corps, mais qu'ils diffèrent par leur intériorité. En somme, ça revient à dire, par exemple, que les animaux sont aussi vivants que nous, mais que seuls les humains ont une âme. Puis il y a les « animistes », qui estiment l'inverse, c'est-à-dire que les humains et les non-humains ont une âme, mais qu'ils sont enveloppés dans des corps différents. Ensuite, viennent les pensées « totémiques », pour qui humains et non-humains sont comparables à la fois par le corps et l'intériorité, ainsi, les plantes, les objets, les animaux, les humains ont autant d'importance. Et, enfin, les cultures « analogiques » qui supposent que les humains et les non-humains diffèrent à la fois par le corps et l'âme, et que nous sommes tous des vivants singuliers. Peu importe, au fond, quel regard on adopte. Mais se poser la question, c'est saisir au plus profond de nous que tout est construction et qu'il n'y a pas une seule façon de contempler l'existence. Cette idée, je crois, ne cessera jamais de m'émouvoir. Je vous souhaite d'adopter le regard le plus juste pour vous.

Ceci n'est pas un classement. Je crois que le rangement est une des activités que je pratique le plus dans une journée. Comme une chorégraphie parfaitement exécutée, j'attrape des objets et je les repositionne à l'endroit qui me semble être le plus juste pour eux. Du matin au soir, je classe, des mots, des fourchettes, des livres, des vêtements. Un coup d'éponge par ici, un tri par là. J'ai l'irrépressible besoin que mon monde soit ordonné et soigné. Tenu par un adage rassurant : chaque chose à sa place, chaque place a sa chose. Au-delà de mon salon, il faut bien reconnaître que dans notre quotidien, souvent si millimétré, il y a peu de place pour l'égarement. Sauf peut-être depuis un an. Je n'avais pas envie de revenir sur ce funeste anniversaire, mais tout de même, ce que cette crise sanitaire a mis à jour, c'est le règne du désordre. Celui nous empêchant de réaliser nos objectifs, nous plaçant face à une chaîne infinie de frustrations, soumettant nos agendas à mille faux bonds, et rendant contre-productives la plupart de nos actions. C'est insupportable et décourageant. Le psychanalyste Adam Philips explique que le sentiment de désordre est au cœur de la relation thérapeutique ; c'est parce que nous voulons clarifier notre esprit que nous consultons. Mais au fond, je me demande : le désordre est-il toujours un obstacle ? N'est-ce pas dans les greniers foutraques que l'on découvre des trésors ? Et dans les méandres de notre esprit que se dévoilent des idées qu'on ne cherchait pas ? C'est en observant notre chaos que nous faisons face à de la nouveauté, que nous accédons à d'autres espaces. La confusion génère un processus de re-création de soi, l'occasion de dénicher ce « je » qui nous échappe. Pour rien au monde, je ne revivrai ces douze derniers mois, mais ils m'auront au moins appris une chose, c'est que l'égarement aussi peut devenir une vertu, un tremplin vers ce qu'on avait choisi d'ignorer. « L'émotion nous égare, c'est son principal mérite. »

– Oscar Wilde. Je vous souhaite une journée d'heureux bordel.

Ceci est une prise en main. Combien de tâches abstraites dans notre quotidien ? Combien de directives fantomatiques dont on ne sait pas exactement à quoi elles renvoient ? Le mal-être contemporain au travail tient souvent à un excès d'abstraction. Pourtant, nous avons longtemps opposé les mouvements de l'esprit à ceux des mains. Valorisant les uns au détriment des autres, sans saisir les va-et-vient nécessaires entre les deux. Si aujourd'hui l'artisanat revient sur le devant de la scène, c'est peut-être pour répondre à cette urgence du corps, à cette volonté de voir ce que l'on fait, de se confronter à la matière. L'anthropologie et la neurobiologie nous apprennent qu'il nous est difficile de percer le sens des choses sans les « prendre en main ». Il y a chez Heidegger la perspective que « l'être est à portée de main ». Que les choses nous apparaissent en les touchant. Car c'est en faisant qu'on s'aperçoit de sa capacité à agir sur le monde, que l'on constate les effets de son action. Les travaux pratiques ne sont pas des hobbies superficiels, des passe-temps ludiques, ils sont une expérience métaphysique, une façon de s'ancrer dans la réalité. Et surtout, sentir les effets qu'on a sur le monde, c'est aussi en être responsable. Lorsque l'on fabrique, que l'on répare, que l'on manipule, que l'on cuisine, l'échec ou la réussite s'affichent immédiatement. Pas moyen de fuir ni de se détourner. On reprend. On y revient. On tente autre chose. Mais on est là, pleinement là. L'enjeu politique est de taille, celui de faire face à nos actes. Alors remettons de l'esprit dans nos mains et des mains dans notre esprit. La vie nous impose de naviguer entre ces espaces. Soyons artisans du monde à venir. Je vous souhaite une journée d'aiguilles, de tournevis et de fouets électriques.

Ceci n'est pas une horloge. C'est toujours passionnant d'observer l'instant où s'arrête quelque chose qu'on faisait tout le temps. Un matin, on se lève et c'est terminé. On le sait. On ne reviendra plus en arrière. Le geste peut paraître soudain, et pourtant, il est le fruit d'un long processus, d'une intense réflexion souterraine, d'une maturation qui opère à l'intérieur de nous, et qui, en prenant du temps, gagne en densité. Ce n'est pas un déclic, c'est un cheminement, parfois solitaire, indicible, inavouable, parfois accompagné par des individus capables de tenir notre main autant qu'une juste distance. Un matin, on se lève, et on a la force suffisante pour affronter la fin. La fin d'une histoire, d'une amitié, de la cigarette, d'un couple, d'un travail, d'une addiction, d'une souffrance, d'un toc, d'un lieu, d'une habitude. Ça n'empêche pas les émotions en vrac, la nostalgie, les peurs, les tremblements, mais on peut le faire, parce qu'enfin, on est prêt. Parce qu'on a respecté autre chose qu'une injonction, qu'une morale, qu'un ordre, qu'un conseil ; on a respecté sa temporalité. Celle intime, qui ne peut se laisser enfermer par aucun calendrier. Alors on pourra rétorquer que tout de même, il faut s'adapter à la société, au rythme biologique, au rythme du travail, à ce temps scientifique et normé ; c'est juste. Mais j'ai la conviction que tout ce qui est forcé, que tout ce qui est un arrachement imposé, crée plus de dommages que d'avancées. Il n'y a pas de bons moments pour arrêter la tétine, pas de bons moments pour apprendre à lire, pas de bons moments pour se mettre en couple ou pour avoir des enfants, pas de bons moments pour construire sa carrière, pas de bons moments pour arrêter d'exercer. Il n'y a que nos moments. Les fruits d'un processus qui jaillit et dévoile son sens. Et plus nous en serons convaincu et moins nous nous mettrons la pression pour une absurde rapidité, plus nos sociétés seront en mesure d'évoluer. À la fin, il y a un cercueil et ses odieuses impossibilités ; en attendant, il n'y a pas d'autres urgences que celles que nous faisons nôtres. Je vous souhaite d'arrêter ou de commencer quand vous le voudrez.

Ceci est une nouvelle aube. Il y a quelque chose d'assez perceptible que l'on ressent ici et là : c'est à quel point nous nous sentons perdus. Nos socles se sont effondrés. Nos lieux d'existence ne s'imposent plus. Nos familles répondent à de multiples modalités. Nos carrières ne sont pas tracées, encore moins linéaires, et pour beaucoup, elles sont simplement précaires. Nos systèmes, à force de décevoir, s'écroulent. Et pendant ce temps-là, la raison s'effrite dans l'indifférence générale, victime d'un immense brouhaha qui empêche de penser. À force de brûler les idoles, nous faisons face au vide. Nostalgiques d'un absolu qui nous échappe, il ne nous reste que le repli, l'ode au cocon, au chez-soi, au développement de nos intérieurs. Il ne nous reste que nous. Nous, seuls, largués, effrayés, soumis à tant de possibilités absurdes que nous en devenons malades, incapables de choisir le paquet de céréales devant l'immensité du rayon. J'entends déjà les critiques ; même s'il ne s'agit pas de regretter les dogmes qui nous enfermaient, il ne s'agit pas non plus d'un stérile « c'était mieux avant ». J'écris avec mes privilèges, consciente de la liberté et du confort qu'il faut pour noter ces mots. Mais quelque chose me trouble, quelque chose vient serrer mon cœur. C'est que dans nos solitudes, nous n'avons plus d'histoires communes à nous raconter, plus d'histoires universellement partagées. Et les histoires, aussi fictives soient-elles, nous apaisent. Elles se racontent au coin du feu, elles se murmurent avant de dormir, elles illustrent des passages délicats de nos vies, elles aident à traverser les vagues, et elles nous inscrivent dans l'espace où l'on se sent soutenu, parce qu'on sait que d'autres, avant nous, sont aussi passés par ces forêts profondes, avec des loups, des brigands, des renards malicieux et des fins heureuses. Même perdus, on est accompagnés. Peut-être que c'est ce que je cherche ici, peut-être est-ce ce que j'aime tant quand certains commentent : « C'est tout à fait ce que je ressens. » Je frétille, parce qu'une minute au moins, nous sommes ensemble, prêts à nous tenir la main en plein désert. Je nous souhaite d'entendre nos pertes résonner à l'unisson.

Ceci est un cycle. D'aussi loin que je m'en souvienne, j'ai toujours eu peur de tomber, de chuter, et de ne pas parvenir à revenir dans mon axe. Je multiplie les activités professionnelles pour ne jamais me reposer sur aucune. Je suis déchirée par les images d'exil, et par la possibilité qu'un jour, nous ayons, à notre tour, la nécessité de tout laisser derrière nous. Je vis avec quelqu'un qui tire sa force d'une faillite, et je sais combien l'or devient vite de la boue. Dès l'école primaire, à chaque bonne note, je me demandais si j'arriverais à faire pareil pour la suivante, les félicitations me semblaient si dérisoires. Et c'est pareil dans tous les domaines. Même lorsqu'un chanteur à succès sort un nouvel album, la première chose à laquelle je pense, c'est à la peur qu'il a sans doute de ne plus être écouté et de découvrir l'âpre résonance des salles vides. J'ai une empathie infinie envers les traversées du désert, les retournements de situation, les carrières de sportifs brisées par des blessures, les licenciements sauvages, les destins qui tournent. Et plus généralement, je ne parviens pas à saisir la prétention que ressentent ceux qui se croient arrivés et ont confiance en leurs privilèges. Car rien, non rien, n'est jamais acquis. La lumière et l'ombre se répondent, et à force de dialoguer, elles se confondent parfois. Je ne sais pas d'où vient ce fonctionnement, mais il est enraciné en moi, et je crois qu'il concerne beaucoup d'entre nous. Cette insécurité permanente est parfois pesante, pourtant, elle n'empêche pas de profiter de l'instant, disons qu'elle l'enrobe juste d'un léger brouillard, peut-être celui de l'humilité. Loin d'être paralysante, c'est sans doute une autre manière d'avancer, d'innover, d'apprendre à recommencer, et de rester toujours à l'affût de ce que la vie doit nous enseigner. Parce que dans ma méfiance permanente, il y a une chose que je sais : c'est que lorsqu'on chute, la terre est là pour nous rattraper. Raison de plus pour la préserver. Je vous souhaite de jouir de vos réussites et de chérir vos chutes.

Ceci est un soleil. Qu'est-ce qui nous fait nous lever le matin ? La question semble au mieux banale, au pire absurde, ou terriblement bourgeoise. Car combien sommes-nous à nous lever simplement parce qu'il le faut ? Parce que la nécessité guide nos pas, parce que le travail ou les urgences d'une vie familiale nous l'imposent. On se lève car on doit plier du linge, préparer un biberon, rendre un dossier. On se lève car l'existence n'attend pas et qu'elle nous pousse au-devant des jours. Mais parfois, le questionnement devient si flou qu'on ne parvient même plus à y répondre. Notre corps est incapable de se mouvoir en dehors du lit. Même la contrainte ne suffit plus. Et malgré notre paralysie, c'est à cet instant, plus que jamais, que nous devons replonger dans la question, faire un corps-à-corps avec elle, ne pas la lâcher jusqu'à ce que l'évidence nous submerge, jusqu'à ce que le désir nous brûle et que nous bondissions hors du lit. Cette interrogation m'envahit à chaque lever du jour, et ce que j'en tire n'a rien d'automatique, si ce n'est l'envie d'agir. Pas l'envie de réussir, mais d'agir, d'agir avec mes doutes, d'agir avec mes peurs, d'agir avec ma maladresse, mais d'agir jusqu'au bout, pour ne laisser aucune ambition en suspens, aucune espérance à la merci de mes regrets. À chaque éveil, je veux relire ces mots : « Or, en réalité, pour l'existentialiste, il n'y a pas d'amour autre que celui qui se construit, il n'y a pas de possibilité d'amour autre que celle qui se manifeste dans un amour ; il n'y a pas de génie autre que celui qui s'exprime dans des œuvres d'art [...] Un homme s'engage dans sa vie, dessine sa figure, et en dehors de cette figure il n'y a rien. » – Jean-Paul Sartre. Je veux me confronter à la réalité, avec tous ses écueils, toutes ses douleurs, tous ses chaos. Me lever pour tenter de faire un peu mieux, ou peut-être un peu moins mal, et traverser les mille nuances d'émotions que nous offre le vécu. Qu'importe la fatigue, la rage, la perte, tant que nous ne sommes pas sous anesthésie. Je vous souhaite un matin rempli de vie.

Ceci est une manière de voir. C'est curieux comme la confiance en soi est une quête universellement partagée. Plus encore qu'un thème à la mode, c'est un indispensable qui nous fait pourtant souvent défaut. Dans la vie intime comme dans la vie professionnelle, la confiance est ce tremplin qui nous permet de nous élancer, d'oser, et d'affronter l'adversité. Mais chez nombre d'entre nous, ce précieux socle est aussi bancal qu'éphémère. À peine a-t-on bombé le torse qu'aussitôt le doute surgit. J'ai passé une bonne partie de mes études à penser que j'étais nettement moins intelligente que les autres, et encore aujourd'hui, ma peur de décevoir occupe mon esprit avec intensité. C'est un vertige incessant. Mais dernièrement, j'ai réalisé une chose. C'est que nous sommes si concentrés sur le déploiement de cette confiance intime, que nous en oublions parfois la nécessaire réciproque. Car au fond, quel regard portons-nous sur les autres ? Sur nos conjoints, nos amis, nos enfants, nos collègues, et sur les humains qui nous entourent ? Est-ce qu'à eux, nous leur faisons confiance ? Certes, la construction passe par l'introspection, et il est vain, et parfois toxique, d'attendre que l'extérieur nous vienne en aide. Cependant, je sais aussi combien un encouragement est un trésor qui galvanise et nous donne la force de tenir. Mes années d'enseignement m'ont appris qu'un élève sur lequel on place un regard de confiance est capable des plus grands défis, d'un dépassement qui génère chez lui une immense fierté. Je ne crois pas aux vertus destructrices de l'humiliation, je crois au contraire que la valorisation permet d'avoir la tête haute et les pieds bien ancrés dans le sol. Peut-être que si nous apprenons à nous estimer et à nous le dire, alors par la magie d'un cercle vertueux, nous finirons tous par avoir confiance en nous. Ce n'est pas une mièvrerie illusoire, c'est une décision que nous prenons à chaque fois que nos yeux se posent sur quelqu'un. Je nous souhaite de nous faire confiance.

Ceci est une stratégie. Il y a un domaine dans lequel nous sommes nombreux à avoir une excellente maîtrise : c'est l'art du sabotage. Cette capacité à nous placer dans des conditions d'échec, plus ou moins consciemment, afin de confirmer nos peurs et d'en donner la preuve concrète. De manière insidieuse, sans s'en apercevoir, on agit de telle façon à ce que ça ne fonctionne pas, à ce que l'on trébuche et que l'on reparte à la case départ. Dans l'intimité comme dans la vie professionnelle, nous créons parfois nos propres zones de chaos, nous nous mettons en difficulté. Mais alors pourquoi un tel paradoxe dans un monde déjà suffisamment aride pour ne pas en rajouter ? Eh bien, peut-être parce qu'il y a quelque chose de paralysant à l'idée que tout puisse bien se passer, à la perspective que l'on puisse réussir, avancer, être heureux. Ce n'est pas qu'une posture d'enfant gâté, c'est au contraire qu'il faut une force inouïe pour s'autoriser le bonheur. Il faut avoir confiance en l'existence, en finir avec notre culpabilité, notre angoisse, nos superstitions, faire taire toutes nos voix qui nous disent que « ce n'est pas pour nous », « que c'est trop beau pour être vrai », « qu'il faut se méfier », « qu'on ne mérite pas tout ça », « qu'on est trop nul pour accéder à un tel poste », et j'en passe. Ces prophéties qui émanent des autres ou de nous-même sont si farouchement ancrées dans notre système nerveux que les dépasser serait presque une insolence, une manière de se trahir. Alors, on préfère ne pas se risquer à trop de réjouissances, et lorsqu'on se sabote, c'est une façon de retrouver du contrôle, de reprendre les rênes, qu'importe que ce soit celles du malheur et de la défaite car au moins, elles nous semblent familières. Mais que se passerait-il si une fois au moins on se disait que tout allait bien se passer ? Qu'on y avait droit ? Que l'horizon peut être joyeux, lumineux et doux ? Ça ne signifie pas qu'il le serait avec certitude, mais cela engagerait nos pas vers cette direction. « Impose ta chance, serre ton bonheur et va vers ton risque, à te regarder, ils s'habitueront. » – René Char. Je vous souhaite une journée de confiance.

Ceci est précieux. Ce que je trouve le plus délicat dans les projets, et peut-être même dans la vie en général, c'est de parvenir à trouver le juste milieu entre l'implication et le détachement. L'implication est indispensable pour grandir, bâtir, agir, avancer, pour rester consistant, et pour traverser les matins de chaos et les soirs de flemme, sans faiblir ni se décourager. Pourtant, avouons-le, l'implication est aussi ce qui donne vie à nos angoisses, à notre stress, à nos paniques. C'est parce qu'on s'implique follement que chaque aléa nous paraît insupportable et nous fait perdre pied. Sur l'autre versant de nos émotions, il y a donc le détachement salvateur, cet élan qui nous propose d'accepter ce qui est, et d'affirmer avec sérénité que « ce n'est pas si grave ». Il y a tant de justesse dans cette simple phrase. Ce n'est pas si grave de hausser le ton lorsque la colère monte, ni d'articuler des mots qu'on finit par regretter. Ce n'est pas si grave d'oublier un anniversaire ou de ne pas signer un carnet de correspondance. Ce n'est pas si grave de ne plus aller à son cours de danse ou de louper un rendez-vous qu'on croyait important. Ce n'est pas si grave de ne pas ranger sa chambre ou de ne pas aider son voisin. Ce n'est pas si grave, et au fond, peu de choses le sont, jusqu'au jour où l'anodin devient habitude et où l'on se réveille hagard en se demandant comment on a fait pour en arriver là. On suffoque, encerclé par ses regrets. Dans ce balancier entre implication et détachement, nous devons trouver une troisième voie, et peut-être est-ce celle de l'attention, cette précieuse denrée qui nous manque tant. L'attention canalise notre stress en l'invitant à penser aux détails, plus qu'à l'ensemble souvent trop paralysant. Elle limite aussi notre négligence en mettant de l'amour dans les tâches qu'on aurait balayées. L'attention est une manière non de contrôler ou de s'en moquer, mais de prendre soin des gens, des choses, du monde et de soi. C'est en considérant nos actes que nous gagnons en cohérence, et que nous sommes présent à nous-même. Je vous souhaite une journée attentive, sans panique, ni regret.

Ceci est un libre amour. La famille, une notion si mouvante. Une sphère aliénante, tissée de rancœurs, de fidélités forcées, de trahisons secrètes. Une somme de douleurs et de transmissions impossibles, dont la seule issue est parfois de s'en affranchir. Pourtant, comme chaque système, la famille peut être le pire mais aussi le meilleur. Car finalement, construire une famille n'est pas une simple question de sang, ni même un empire contractuel, c'est l'idée précieuse que nous sommes liés par un inconditionnel. Et que dans un amour qui ne cesse de s'étendre des membres s'ajoutent, vont et viennent, des pièces se rapportent, d'autres s'adoptent. Hybride, elle se compose et s'invente à l'aune de ce que nous sommes. La famille suppose que l'on passe par une éthique du foyer, elle nous enseigne la patience, l'attention, l'intérêt porté aux autres. Elle exige l'amour du groupe, qui peu à peu nous conduit vers celui du collectif. La famille, lorsqu'elle n'est pas subie, et qu'elle est le fruit d'une composition choisie, nous apporte ce que le sociologue britannique Anthony Giddens appelle une « sécurité ontologique », le socle à partir duquel peuvent émerger les pensées et les actions les plus nobles. Une authentique réconciliation avec la joie de vivre ensemble. Un soutien illimité qui passe par la sublime banalité du quotidien bien au-delà du confinement. « Je voudrais tant que nous sachions nous donner les uns aux autres cet amour et cette solidarité à d'autres moments aussi. C'est là notre grande richesse naturelle. Je voudrais tant que nous puissions nous montrer plus sensibles les uns envers les autres. Que nous puissions nous délivrer de la violence et de l'inimitié qui se sont infiltrées si profondément dans tous les aspects de nos vies. » – David Grossman. La famille, c'est une grande table et tout le monde autour. Je vous souhaite une journée aussi heureuse que la mienne à l'idée de retrouver les miens. À nos familles qu'on tisse, à nos familles de cœur, vive l'amour des jours ouverts.

Ceci est une ode. Chaque année, je suis mal à l'aise d'écrire sur la fête des Mères car je mesure combien cette journée est délicate pour de nombreux individus. La maternité n'a rien d'une évidence. Elle n'est pas pour moi un élan naturel, une étape indispensable, un tournant fondateur. J'aime éperdument ma maman. Mais je l'aime plus encore comme individu que par la puissance d'un illusoire lien de sang. Être enfant et être mère est toujours une aventure singulière, animale, absurde. Une odyssée qui se vit, bien plus qu'elle ne se raconte. On tâtonne. On apprend. L'habitude s'apprivoise. On lutte avec nos ombres et on chérit nos doutes. Être mère et enfant repose sur un bouleversement. C'est souvent un choix, une attente, une joie, mais c'est aussi une douleur qui, parfois, se loge dans le cœur. Ce n'est pas un statut figé, ni un diktat abusif, encore moins une fierté instagrammable, c'est une perpétuelle tentative, qui suppose aussi de prendre soin de l'enfant en soi. Car être mère, ce n'est pas uniquement mettre au monde, c'est donner vie et faire face à la mort. Alors à toutes les mamas d'ailleurs et d'ici. À toutes les madre capables d'un amour infini. À toutes les mamans qui font ce qu'elles peuvent, de jour comme de nuit. À toutes les mères qui n'ont pas d'enfants, à celles qui les ont perdus et à celles qui élèvent ceux des autres. Aux femmes épuisées par la vie. Aux culpabilisées qui pensent qu'elles n'en font pas assez. Aux obsessionnelles qui appellent dix fois par jour et aux autres qui aimeraient avoir un peu de répit. À cette force d'amour inouï qui émane aussi des pères. Et à tous ceux qui remplacent les mères. À celles qui n'en peuvent plus mais qui, pourtant, jamais ne fuient. Aux enfants qui refusent des liens toxiques. Et à ceux qui pleurent la perte de leur mamounette chérie. Je vous souhaite de tout mon cœur que ce dimanche soit fête. Et à la mienne, ma merveilleuse, mon espiègle, ma lumière dans toutes les nuits, je souhaite une journée à la hauteur de la beauté qu'elle confère à ma vie.

Ceci est un hommage. Je fais du sport tous les matins. Je ne déroge jamais à la pratique, quoi qu'il arrive. Et si par hasard, je dois partir plus tôt, eh bien je me lève quelques minutes avant pour voler ce temps au flux ravageur de l'existence. Exprimée ainsi, ma parole peut sembler agaçante, prétentieuse, moralisatrice, l'expression d'une performance dictée par une société de consommation qui n'a jamais fini d'exiger, ou peut-être le refus névrotique d'un lâcher-prise. Et pourtant, je crois sans faux-semblant ni déni que c'est tout autre chose qui se joue dans ce que je pourrais appeler « mouvement » bien plus que « sport ». Comme beaucoup, j'ai parfois du mal avec ma personne. Je ne me trouve jamais assez engagée, ni assez pertinente, je rage contre mon incohérence lorsque j'arrive à la percevoir, je culpabilise un nombre incalculable de fois dans une journée, et je suis la première, devant la glace, à établir un état des lieux négatif. Je pourrais dire le contraire, parler de la précieuse et nécessaire acceptation de soi, mais ce ne serait pas tout à fait sincère, car le chemin est plus épineux qu'il n'y paraît. Aussi récurrentes soient ces pensées, elles s'envolent véritablement lorsque je mets mon corps en pratique. Lorsque je bouge, lorsque je mange, je suis toujours éblouie par son mécanisme, par cette prodigieuse capacité à engager des processus qui nous dépassent, par son remarquable fonctionnement. Je salue de toutes mes forces non pas ce corps sain, normé, lisse, machine à records tendue vers une illusoire perfection, non, ce que je loue, c'est cette chance, ce luxe, cette sublime possibilité de me mouvoir, de percevoir, de sentir, de fonctionner. Il y a, à cet endroit, un miracle. Cet espace de sport devient finalement un espace de recueillement, un instant de gratitude adressée à mes cellules qui ont bien voulu me conduire jusque-là, une dédicace à ces flux, à ces organes, à ces viscères, à ces liquides, à ces cavités, cet oxygène, et à toute la singulière alchimie, qui me tiennent debout et en vie. La seule performance qui vaille est de nous souvenir chaque jour de ce que c'est qu'être vivant. Je vous souhaite d'aimer votre magma.

Ceci est sans condition. C'est curieux d'être ami lorsqu'on devient adulte, lorsque l'évidence des jeux d'enfants est remplacée par une somme de choses à faire ensemble, de moments nécessitant une organisation, et la mise en marche d'une volonté. « Vous êtes dispos mardi prochain ? », « Et le week-end du 17, ça te dit de passer à la maison ? » Nos liens d'adultes, aussi sincères soient-ils, sont souvent domptés par les mœurs, les convenances, les temporalités obligées de nos vies au rythme insensé. « Ami », trois lettres pour désigner tant de modalités. Le terme vient du latin *amicus*, littéralement il désigne celui que l'on aime et qui est aimé en retour. L'étymologie nous rappelle donc qu'il n'y a pas d'autres normes que celle d'être précieux l'un pour l'autre. Dans son dernier livre, Andrea Marcolongo évoque un autre mot : « l'amitié comme *amistà*, un terme italien littéraire, un pacte d'alliance dans les montagnes russes de la vie – je t'aime tel que tu es, tu es pour moi la trêve, jamais la guerre ». Ainsi regardée, l'amitié correspond alors à un espace singulier, une forme étrange, multiple, capable d'accueillir nos larmes, nos succès, nos mésaventures, nos silences. C'est un don pour toujours et non un solde à payer, autre chose que boire un café en échangeant les dernières actualités. Ce n'est ni une dette, ni une habitude forcée, mais peut-être l'envie farouche nous conduisant à vouloir envelopper l'autre de notre solidité, de notre douceur, de notre fierté. Un territoire exempt de lutte, un asile pour nos âmes fatiguées. Je vous souhaite une journée de refuge et de bras amis dans lesquels vous engouffrer.

Ceci n'est pas descriptible. Je me suis posé la question toute la semaine. J'ai observé le sujet sous toutes ses facettes. Qu'est-ce qu'on appelle un « vrai » ami ? Pas un copain, pas une connaissance, pas quelqu'un qu'on voit. Non, l'ami, le véritable ami. Qu'est-ce que suppose cet étrange titre ? Est-ce un statut, une charge, un poids, ou la simple marque du vécu ? Est-ce que le « véritable ami » est celui avec qui on sort en boîte de nuit ? Celui dont on rit à toutes les blagues ? Celui avec qui on mange des pâtes ou celui avec qui on prévoit des vacances au ski ? Est-ce qu'un « véritable ami » connaît nos parents et sait qu'on était inscrit à l'escrime lorsqu'on était enfant ? Est-ce qu'il devine nos yeux vagues et nos secrets inavouables ? Ou est-ce qu'il nous alerte sur nos compromissions ? Est-ce qu'il écrit chaque jour ou se manifeste seulement lorsque ça tangue ? Est-ce qu'il soutient ou bouscule ? Est-ce qu'il accepte ou est-ce qu'il tranche ? Est-ce qu'il doit deviner les errances ou est-ce celui à qui on les livre ? Est-ce une oreille ou une bouche ? Est-ce une épaule ou une main ? Je n'en sais rien, mais je sais que ce matin, la lueur est particulière, et que dans cette aube teintée de gris, je pense à toutes les choses instables qui composent notre existence, à tous les tiraillements, à toutes les erreurs, à tous les coups de poignard et les coups de mou, aux virages abrupts et aux monstres sous le lit. Je pense à toutes les défaites que contiennent les succès, à tous les inévitables, aux appels qu'on ne veut jamais recevoir, aux victoires qui se partagent, aux couloirs d'hôpitaux et aux salles des fêtes, aux mauvais chemins pour trouver les bonnes routes, aux cicatrices et aux débordements, aux plages ensoleillées et aux road-trips interminables. Et je me dis que le véritable ami est sans doute celui qui parvient à s'accorder à tout cela, et dont la présence est une attente qui se renouvelle sans cesse. « Attendre l'autre c'est déjà partager quelque chose. » – Serge Joncour. Aux inconditionnels qui se faufilent dans le kaléidoscope de nos existences. Je nous souhaite d'attendre nos amis.

Ceci est l'amour de l'art. Anthony Clarke est né en 1917 à Richmond, en Angleterre. Après des études de droit, il travaille comme agent commercial. Il s'ennuie et préfère se plonger dans la lecture plutôt que de subir un quotidien qu'il juge sinistre. En 1939, Antony s'enrôle dans l'armée britannique et participe à la campagne d'Italie en tant que chef artilleur. La progression dans les villes italiennes est risquée et incertaine. Perçu comme un dandy par ses camarades de régiment, Anthony Clarke trouve toujours son salut dans les livres. Arrivé sur les hauteurs de Sansepolcro, le commandant du régiment ordonne que les canons pointent sur la ville alors encore aux mains des Allemands. Clarke est sérieux. Il procède à ses calculs et tire un premier obus pour régler ses tirs. Mais dans la nuit, il se souvient soudain d'un texte qui l'avait profondément marqué : *Chemin faisant* d'Aldous Huxley. L'auteur y parle d'une peinture qu'il considère comme étant « le meilleur tableau au monde ». Or, Anthony Clarke réalise que cette fresque n'est autre que *La Résurrection* de Piero della Francesca, se trouvant précisément conservée dans la ville de Sansepolcro, qu'il doit bombarder. Dilemme insoutenable. Désobéir et conserver l'œuvre ? Ou obéir et laisser la beauté être ensevelie par les méandres de l'histoire ? Anthony hésite et finit par trancher. Il ordonne l'arrêt des tirs, convaincu que l'art est la part immortelle de l'homme mortel, et qu'il ne peut disparaître sans que l'humanité n'en soit à jamais affaiblie. L'amour farouche des livres, qui l'avait sauvé de tous les maux, renforça sa détermination. Quelque temps plus tard, après vérification et enquête de la cour martiale, on s'aperçut que les troupes allemandes avaient en réalité déjà quitté la ville et que le bombardement n'aurait de toute façon servi à rien. Anthony évita la prison. Et la fresque demeure aujourd'hui encore intacte. À propos de l'un des personnages présents dans l'œuvre, Albert Camus écrira : « C'est sur ce balancement qu'il faudrait s'arrêter, singulier instant où la spiritualité répudie la morale. »

Ceci est une ambition. Un appel à changer de prisme. Comment accède-t-on à notre corps ? Comment arrive-t-on à en définir les contours, la forme, l'allure, la matière ? La plupart du temps, c'est la vue qui s'impose. Un regard dans le miroir, dans le reflet d'une vitrine ou peut-être dans un téléphone. Et peu à peu, à travers les yeux, se dessine l'empire de la comparaison : « Mais j'ai l'air énorme face à elle ! », « Mais je suis tout petit à côté d'eux ». Notre enveloppe charnelle ne nous appartient plus, elle se dissout dans ce que l'on croit apercevoir des autres. Notre corps devient un objet distancié, mesuré, scruté. Une pièce à dompter, à assumer, à politiser. Mais n'existe-t-il pas autre chose que ce corps « visuel » ? Certes, il y a aussi celui de la perception. Le corps organique qui semble mener une existence mystérieuse et autonome, celui si bien interrogé par Paul Valéry : « Oserai-je écrire "mon corps" ? Tout ce que j'en sais ? Non pas mon corps, celui des médecins, mais celui que je me connais. Je ne sais rien au-delà de lui. Il est ma science, et je crois bien la limite de toute science, lui, ses affaires, ses gênes, ses besoins et leurs ennemis, ses régularités et leurs écarts, ses digestions, ses règles, et les sales détails humides de l'Amour. » Le corps comme une enquête. Mais à ce « corps des yeux » et à ce « corps de la perception », peut-être faut-il ajouter le corps des mains, celui auquel on accède par le toucher. Que devient notre corps lorsqu'on l'effleure, qu'on le caresse, qu'on le masse ? Il n'est plus question de corps positif, de corps complexé ou de corps comparé. Nous devenons soudain aveugle, riche d'un nouveau médium. La chair, la douceur, la sécheresse, les os sous l'épiderme, la finesse ou l'épaisseur des plis, les zones rugueuses, la pilosité… Tout à coup, un autre continent se dévoile. Nous nous appréhendons différemment. Et qu'en est-il si on touche les autres ? Alors la comparaison grossière devient une ode à la nuance, à l'investigation. Le corps touché qui accède au corps sacré. Sacré parce que vivant. Je vous souhaite une journée de caresses.

Ceci est un réveil. Il y a une pratique que j'aime beaucoup lorsque je fais du sport, c'est celle qui consiste à « créer de l'espace » dans mon corps, en somme à m'étirer. J'y perçois quelque chose de salvateur, et ça l'est d'autant plus qu'immanquablement, cette pratique finit toujours par me faire bâiller. Or, je crois qu'il y a quelque chose d'émouvant dans le bâillement, comme une sorte de pied de nez à l'ordre établi, aux convenances, à la bienséance. Nous bâillons tous, l'embryon bâille à partir de treize semaines, les animaux bâillent, les politiques bâillent, le monde entier bâille dans toutes les cultures et à tous les âges. Le bâillement ne se résume pas à une simple manifestation physique de la fatigue, c'est une fonction très importante dans le développement du système nerveux. Car aussi contre-intuitif que cela puisse paraître, bâiller a des vertus stimulantes pour notre corps. Le docteur Albert Lachmann explique que « le bâillement est le témoin d'une stimulation de la vigilance » et que contrairement à ce que l'on croit, il provoque une « augmentation du tonus nerveux ». En somme, bâiller est un signal, une sonnette interne qui nous ramène à nous-même, comme si notre corps exigeait qu'on le considère. S'étirer et bâiller sont donc des façons de revenir à l'ici et maintenant. Cette perspective est bien plus qu'anecdotique. Ces dernières semaines, j'ai l'impression que le monde est un amas foutraque. Des couches de colère s'accumulent, des idées nauséabondes traînent sur les tables basses, les peurs paniques envahissent les salons, des apprentis gourous s'installent dans le canapé, et la cadence infernale empêche de se poser. Au milieu du décor, je me sens engourdie, compressée et comprimée par ce que je ne parviens pas à appréhender. Que faisons-nous et pourquoi ? Sommes-nous chanceux ou pathétiques ? Courons-nous à notre perte ou devons-nous plus que jamais nous engager vers l'action ? Pour répondre, nous avons besoin d'articuler nos pensées, d'être présent, solide et conscient. Je vous souhaite la douce vigilance du bâillement.

Ceci est essentiel. « Je me sens plus beau quand je chante. » Il se met juste à côté de moi pour prononcer ces mots, ayant sans doute compris que j'ai la tête ailleurs, coincée entre deux lignes d'une interminable liste de tâches à exécuter. Sa parole me bouscule. « Je me sens beau quand je chante. » Un constat, une suite logique exprimée simplement par un enfant de six ans. Chanter n'est pas essentiel. La beauté non plus, et pourtant, l'un et l'autre réunis forment, sans doute, ce qu'on appelle la vie. Je retourne sa phrase dans ma tête et la pose sur ma bouche. « Je me sens belle lorsque je lis, lorsque je vais au cinéma, lorsque je frissonne devant une pièce, lorsque je contemple. » En le faisant, j'ai le luxe d'être libérée de la sphère de la survie et de la performance. Et c'est précisément pour cela que l'art engage mon humanité. Qu'importe le support, l'œuvre éveille chez son spectateur des sentiments indispensables à notre construction émotionnelle mais aussi à notre éthique. C'est ici que l'urgence devient tout autre chose qu'un caprice bourgeois, et bien plutôt un enjeu éducatif majeur, car comment vouloir la beauté de ce monde lorsqu'on ne l'a jamais vue ? Comment affiner nos jugements si nous ne sommes jamais face à d'autres destins que le nôtre ? Comment apprendre une langue sans l'entendre ? Comment hisser nos regards si nous ne faisons que regarder le sol ? Pour Kant, le sublime, comme un volcan ou une tempête, représentés sur un tableau, élève notre esprit et le conduit vers ce qui dépasse totalement notre compréhension. Nous sommes tout à coup confronté à un autre univers, à une possible éternité qui relie les hommes. L'art est moins nécessaire que la science pour notre vie matérielle. Nul doute qu'il l'est davantage pour notre vie spirituelle. Une autre forme culte qui rend supportable nos errances, nos doutes et ceux de nos civilisations. « L'art rend durable ce qui, à l'état naturel, n'est que fugitif et passager. » – Hegel. Je vous souhaite de vous trouver beau.

Ceci n'est pas lassant. Il y a une question que je me pose souvent, dans ma vie intime comme dans ma vie professionnelle : comment savoir quel est le bon moment pour se renouveler ? Dans chacune de mes actions, je suis habitée par une double peur, la peur de lasser et celle de décevoir. Parce que j'ai l'impression que la plupart du temps, nous marchons sur un fil, un fil ponctué de paradoxes. D'un côté, la routine nous offre des repères salvateurs, mais elle flirte avec l'ennui. De l'autre, le changement mobilise notre enthousiasme, cependant il peut vite devenir artificiel et désappointer. Cette question me préoccupe car je crois que beaucoup d'expériences que nous jugeons réussies tiennent à cette affaire de « bon moment ». J'ai toujours été admirative des artistes qui arrêtaient leur carrière en plein succès, considérant qu'ils avaient tout dit, ou des chanteurs qui proposaient des albums en rupture avec leur ancrage originel sans crainte de perdre leur public. Mais entre routine ou rupture, est-ce qu'il n'y a pas une troisième voie ? Il existe un terme, que l'on trouve dans la philosophie du Danois Kierkegaard, c'est le mot *gjentagelse*. C'est un concept central de sa pensée, et il peut être résumé par l'idée de « répétition ». Il est question de recommencer quelque chose qu'on avait arrêté. Mais il ne s'agit pas pour autant de faire exactement la même chose, car le mot désigne la modalité inédite, sous laquelle la chose resurgit. Le *gjentagelse* est un second commencement. En somme, l'enjeu est de faire pareil mais autrement. Répéter en ajustant, en faisant les variations qu'il faut pour que ça change et que ce soit mieux. C'est une sorte de perfectionnement, mais c'est aussi la possibilité, chaque jour, de voir l'inédit de nos vies. Sortir du duo routine et rupture, en préférant la douceur de la variation. Chercher la nouveauté, ce n'est pas courir après l'inconnu, c'est parfois être capable d'une infime transformation. C'est la liberté de ne pas se sentir figé, ni dans son corps, ni dans sa vie.

Je vous souhaite une journée de lumineuses fluctuations.

Ceci est un ancrage. Combien de grands écarts devons-nous faire dans une seule journée ? Être ambitieux mais apprendre à vivre avec lenteur. S'investir auprès de ses enfants mais penser à soi. Être curieux du monde mais ne plus prendre l'avion. Éviter le burn-out mais répondre aux mails en moins d'une heure. Ne pas se soucier de son poids mais être mince quand même. Être créatif mais suivre les procédures. La liste est longue. Nous sommes sans cesse exposé à des messages, difficilement compatibles, qui s'entrechoquent dans nos esprits fatigués. Certes, nous sommes libre de ne pas les écouter ou de les fuir, mais parfois, presque malgré nous, ces propositions sèment la panique dans nos cœurs et viennent fragiliser une cohérence déjà précaire. La notion d'injonction paradoxale a été mise au jour sous l'impulsion de l'anthropologue Gregory Bateson en 1950. Il souligne le mécanisme qui consiste à placer un individu entre deux obligations, dont il ne peut satisfaire l'une sans désobéir à l'autre. La particularité insidieuse du phénomène est qu'il confère le sentiment d'être dans une impasse, de mal faire, de n'être qu'impuissance. La porte de secours n'est sans doute pas la fuite ni un idéal d'équilibre si culpabilisant lorsqu'on n'y parvient pas. Mais peut-être que pour faire face à cette curieuse oppression, à ces murmures intrusifs, nous pouvons nous poser la seule question qui vaille : dans quelles conditions nous nous sentons vivant ? Est-ce en étant ambitieux ou lent ? Surchargé ou en déconnexion ? L'interrogation est plus ardue qu'il n'y paraît. Elle n'est pas un exercice futile. Elle nous force à plonger dans le magma de nos propres contradictions, et non dans celles de la société ; elle nous conduit à verbaliser nos non-dits, nos tabous, nos désirs profonds, nos convictions, et dès lors, à les assumer. Plutôt que de crouler sous le poids de nos tensions absurdes ou de nous en lamenter, faisons d'elles des opportunités afin de préciser notre propos. Ce serait l'occasion de nous aligner au lieu de faire le grand écart. Je vous souhaite une journée où la vie s'infiltre dans vos questionnements.

Été

Ceci est impensable. Il y a ce livre, *Chaos calme* de Sandro Veronesi. Un homme heureux, une fin d'été. Les si fragiles fins d'été. Une saison qui s'achève à la plage et puis le drame : la noyade. Un homme qui perd sa femme. Un père qui se retrouve seul avec sa fille. Le chaos. Celui du plus jamais, celui de la matière de l'être aimé qui disparaît. Plus jamais dans son cou. Plus jamais ses cheveux qui s'emmêlent sur l'oreiller. Plus jamais son regard fatigué. Et puis l'indicible et ses questions. Comment traduire le chaos ? Comment on fait ? On hurle ? On pleure ? On mange de la compote insipide dans son lit ? On boit ? On théâtralise ? On s'agite ? C'est situé où, la perte ? Les autres qui le plaignent. Merci bien, la belle affaire. Et puis d'un coup cette idée : « Je ne peux pas continuer. Je vais continuer. » C'est la rentrée des classes. Sa fille ne fait pas de crise. Sa fille ne vit pas le deuil de sa mère. Alors Pietro attend parce qu'il a peur que ça arrive. Il attend littéralement. Il attend dans la voiture devant l'école. Il attend sans bouger. Un automne puis un hiver : « Je resterai immobile, j'attendrai, je me montrerai, mais je serai comme ces étoiles qui sont déjà mortes et qui pourtant continuent à briller parce qu'elles sont très éloignées. » Chaos calme. Et si c'était ça le véritable chaos ? Pas celui des péplums, ni celui des météorites qui dansent, mais celui qui terrasse ? Le chaos de la cuisse qui ne sait plus quoi frôler. Le chaos simple et calme. Le chaos immédiat et statique. Alors oui, c'est ça, l'histoire d'un homme qui décide de rester dans sa voiture sans bouger dans un temps redevenu calme. Parce que la douleur comme les mots n'ont pas besoin de l'extérieur pour se mouvoir, pour envahir, pour nous faire succomber d'intensité. Un livre sur l'absence radicale. Sur l'impossible absence de ceux qu'on aime. Savourons nos amours avant que nos chaos ne deviennent insupportablement calmes. Je vous souhaite de ne jamais connaître ce calme.

Ceci est une planche. Il y a quelques jours, une amie m'a envoyé un texto : « Hier, j'ai surfé. Ça faisait plus d'un an. J'étais nulle, épuisée, je tombais tout le temps, jamais debout plus de cinq secondes, mais que c'était merveilleux !! » Évidemment, j'ai souri, j'ai eu envie de lui offrir un café et de l'enrouler dans une serviette pour lui sécher les cheveux. Et puis, j'ai relu ses mots et ils ont provoqué en moi une vague d'émotions, sur laquelle j'avais, moi aussi, envie de surfer. Il y a ici un curieux paradoxe : comment se fait-il que l'ingratitude d'une tâche devienne un moment grandiose ? L'océan est certainement l'un des éléments les plus imposants au monde. Or, comme l'explique si bien Fréderic Schiffter dans sa *Petite philosophie du surf*, le cœur même de la pratique, c'est d'essayer de dompter cette matière imprévisible qu'est l'eau. Pour y parvenir, il faut savoir lire l'océan et ses vagues, connaître les reliefs des fonds marins, la force des courants, l'influence du vent, oser s'élancer, etc. Il faut des connaissances, de la persévérance et de l'audace. James Cook, lorsqu'il découvre le surf dans les îles Sandwich, se demande quel est le sens de ce jeu, ou plutôt de ce *he e'nalu*, qui signifie « faire corps avec la vague en glissant sur elle ». La réponse tient dans cette expression, car « faire corps avec la vague en glissant sur elle » est un résumé de nos existences. Le lien peut sembler facile, mais le constat est bien là : il y a des centaines de moments où nous nous sentons minable mais où nous sommes pourtant fier de nous être lancé. Il y a des dizaines de journées que nous avons traversées en ayant le cœur en vrac mais avec la satisfaction de nous être senti vivant. Surfer n'est pas une activité réservée à des sportifs à la peau tannée, c'est une attitude à adopter face à notre obsession de la réussite. Sans doute que les esprits seraient moins épuisés, si l'on rendait hommage à nos tentatives, si après s'être échoué sur le sable, on n'avait qu'une envie : remonter sur nos planches au risque de prendre en plein visage les embruns salés qui donnent de la beauté à nos vies. Je vous souhaite une bonne session.

Ceci est un miracle. Ce matin, je me suis réveillée avec une pensée. Ou plutôt une sensation, une vague si puissante qu'il est difficile de la traduire en mots. J'ai eu une fulgurance, comme lorsqu'on réalise quelque chose que l'on sait depuis toujours : c'est extraordinaire d'aimer. C'est prodigieux d'ouvrir un œil et de sentir à l'intérieur de soi cette chaleur-là, cette force impalpable, indescriptible, inconditionnelle. Ça paraît trivial n'est-ce pas ? Mais en l'écrivant, j'en ai encore les larmes aux yeux. Car qu'est-ce qui dans ce monde nous fait nous sentir plus vivant que cette possibilité-là ? Quel miracle sans cesse renouvelé que de pouvoir aimer nos familles, nos conjoints, nos enfants, nos amis, nos collègues. Aimer les absents, les disparus, les inoubliables. Aimer au-delà des divergences, des silences, des douleurs. Avoir l'envie folle de saisir son téléphone pour entendre l'autre. Se blottir dans le cou, dans les bras, dans les paroles de ceux qui illuminent nos vies. Partager sa table, ses rires, ses souvenirs. Quelle singulière puissance. L'amour, ni niais, ni cynique, mais celui qui, même dans les moments les plus obscurs de notre histoire, ouvre une porte, aménage un coin, préserve un secret. L'amour, qui au seuil de l'existence nous fait tenir au-delà de tous les invisibles. L'amour qui décuple nos forces, engage les projets, soulage les défaites et délie les langues. L'amour qui depuis la nuit des temps, nous a conduit jusqu'ici. L'amour qui n'est pas qu'amoureux ni familial, mais qui enrobe tous ceux dont le cœur nous importe. L'amour fou, bordélique, sauvage, mystérieux, contrarié parfois, mais capable de ressources infinies. L'amour qui n'en a que faire des modalités et des hivers humides. Je vous souhaite d'honorer la ressource la plus spectaculaire de nos existences.

Ceci est une action. Ce matin, je me suis réveillée avec une drôle de question en tête. Je me suis demandé si j'aimais suffisamment les gens autour de moi. Alors évidemment, j'ai la sensation de les aimer de toutes mes forces, et je crois pouvoir dire qu'elles sont grandes. Je sais que chaque millimètre de mon cœur palpite pour ceux qui me sont chers. Je sais que j'ai la peur paralysante de les perdre. Je sais que j'irais au bout de la galaxie pour eux. Je sais que je suis capable de déployer de la tendresse pour l'humain en général, et que je vibre avec une intensité particulière dès qu'il s'agit des sentiments. Cependant, malgré ces évidences, ce qui m'interroge c'est de savoir si cet amour, je le montre assez, si je fais exister cette puissance autrement qu'à l'intérieur de moi. Si j'arrive à traduire dans mes actes cet ouragan et ce qu'il suppose comme engagement. Parce que l'amour, on le chante, on le dit, on l'écrit. Comme un appel lorsque le monde tangue. Comme la seule chose qu'il nous reste au seuil de l'existence. Mais aussi vif soit-il, que devient l'amour lorsqu'il est dépourvu de « gestes » d'amour ? Comment prétendre à l'amour sans montrer sa considération, son soutien, son intérêt pour l'autre ? Sans savoir qu'il aime le café sans sucre, que cette musique dérange son âme, ou que son aliment préféré est la framboise ? Comment aimer ses amis sans les connaître vraiment, sans les interroger ? Comment aimer ses voisins sans réceptionner leurs paquets ? Comment aimer sa famille sans jamais la voir ? Comment aimer sa compagne en levant la main sur elle ? Comment aimer son enfant en le rabaissant ? Il ne s'agit pas de juger la manière dont l'amour s'exprime, encore moins de lui imposer des codes ou des normes, mais plutôt de questionner sa substance. Ce n'est pas une prétention, une hypothèse, mais bien un vécu qui requiert parfois de l'aide pour se construire et se montrer. Apprendre à se détacher de nos schémas, de nos peurs, de nos toxiques transmissions. C'est à ce prix qu'il devient un sol où nos pieds s'ancrent. Plus on le cultive, plus il grandit. J'espère y parvenir, je m'y exerce en tout cas. Je vous souhaite un amour radieux.

Ceci est le centre de la terre. Il y a une chose qui ne manquera jamais de m'émouvoir, peut-être même que parfois, je rêve de réaliser des films uniquement pour mettre en scène cet instant-là : l'instant des retrouvailles. Je prends très souvent le train, je passe un nombre incalculable d'heures dans des gares. Le rituel des arrivées est inscrit dans ma chair. À l'instant où le wagon s'approche du quai, il y a toujours cette impatience agacée. On piétine dans le sas, on ne sait pas exactement quoi faire de nos bagages. Été comme hiver, on a toujours trop chaud. Les minutes semblent interminables, les rails deviennent des chemins de sable, imposant aux roues un rythme lent et profond. On toise les inconnus autour de nous sans avoir la force d'entamer un dialogue, on fait défiler des images sur notre téléphone. Tout est suspendu. Et puis, finalement nous y voilà, les portes s'ouvrent dans un long soupir. Des centaines d'individus se déversent sur le quai, la frénésie contraste avec l'attente ; certains se précipitent pour prendre le métro, d'autres passent des appels. Mais les plus bouleversants sont sans doute ceux qui ont le luxe inégalable d'être attendus. Leurs pas s'accélèrent, ils scrutent le portique d'arrivée, et puis, enfin, un visage apparaît, une main brasse l'air. Il ne reste plus que quelques secondes avant l'impact. Leur cœur bat sa plus belle chamade. Les corps plongent l'un vers l'autre. Qu'importe qu'il s'agisse d'un amoureux, d'une maman, d'une amie, d'un enfant, d'un grand-père, d'une cousine, d'un frère, d'une rencontre nouvelle, il se joue ici la réunion des sens, un espoir ancien, lointain, une étreinte millénaire, anthropologique. C'est appartenir à la tribu des vivants, appartenir à la tendresse, n'être qu'odeur, que nez glissé dans le cou. Se « retrouver » comme au premier matin du monde. Se « retrouver » comme si rien n'avait plus de sens que s'être manqué. Lâcher les armes et respirer, parce qu'à cet instant au moins, on n'a pas peur de se perdre. Je pense à tous ceux qui ont attendu dans des gares, et plus encore, à tous ceux dont les aimés ne sont jamais revenus. Je vous souhaite l'intensité des retrouvailles.

Ceci n'est pas similaire. Il y a quelque chose d'assez fascinant dans la vie, quelque chose que l'on sait et qui pourtant interpelle à chaque fois qu'on y est confronté : il s'agit de nos différences de sensibilité émotionnelle. Nous connaissons tous des gens qui dans un texto peinent à écrire « bises », tandis que d'autres terminent par des ouragans d'émoticônes. Nous avons tous été confrontés à des profs ou à des collaborateurs exprimant leur satisfaction par un laconique : « c'est pas mal » quand d'autres à l'inverse nous couvraient d'éloges. Et c'est ainsi dans tous les domaines de la vie, dans l'intimité comme dans le professionnel. Qu'on appartienne au clan des expressifs, ceux qui déploient leur cœur à chaque pas, ou qu'on s'enroule d'une pudeur discrète, la perception du gouffre est la même, les uns sont heurtés par la froideur, les autres dépassés par l'excès de témoignages, et chacun se vexe de ne pas trouver, chez autrui, la réaction qu'il attend. Je fais partie, on s'en doutera, de la tribu de ceux dont les émotions débordent. Je suis toujours paralysée par les gens réservés qui me font sentir immédiatement fautive, comme si je n'étais pas assez bien pour qu'ils me montrent leur affection. Je trébuche, je patauge, je me braque, me sentant maladroite, malhabile, lourde de mots et de palpitations. C'est en observant les enfants que j'ai fini par saisir combien nos schémas intimes ne sont pas identiques, combien la culture, la neurologie, le métabolisme, l'éducation, interviennent dans nos expressions. Il est précieux de rappeler que nos échelles émotionnelles ne sont jamais les mêmes. Que certains oscillent entre un + 1 et un – 1, quand d'autres se situent entre un + 80 et un – 70. Nos amplitudes ne sont pas similaires. Nos variations ne renvoient pas au même état du monde. Nous le savons, mais le redire est une manière de nous protéger les uns et les autres. Ne demandons pas à un pudique taiseux de nous faire des déclarations enflammées, et n'attendons pas d'un émotif qu'il retienne ses larmes ou qu'il modère sa joie. Apprenons nos grammaires individuelles. C'est à ce prix que naît l'harmonie. Je vous souhaite une journée de compréhension.

Ceci est un questionnaire. Il y a peu, quelqu'un m'a posé la question : « Quelle est ta position sur les émotions ? » J'ai d'abord imaginé qu'il fallait que je réponde en fonction d'un emplacement. Étais-je « dans, sur, à côté, sous » les émotions ? Ou alors était-ce une question partisane me demandant si j'étais « pour ou contre », comme on est « pour ou contre » tout un tas de choses dans la vie ? Constatant sans doute mon regard égaré, la personne s'est mise à préciser son interrogation. Elle voulait savoir si je pensais qu'il fallait vivre ses émotions ou s'il fallait s'exercer à les détourner. La question, comme toutes les questions, est légitime. De nombreuses traditions philosophiques et théologiques proposent de mettre à distance des sentiments négatifs, de les saisir comme une opportunité pour avancer ou d'en faire un support de réflexion en tentant de comprendre leur origine. En somme, d'habiller notre bile de vertu. La proposition est tentante, car elle offre à la raison une porte de sortie. Au lieu de subir, on fait preuve d'une certaine forme de détachement. Le problème, c'est qu'en voulant répondre à cette personne je me suis mise à rire. Pas de sa question, mais de l'impossibilité pour moi d'y donner une réponse. Car la vérité, c'est que je n'ai aucune position. J'en suis incapable. Je n'ai pas de position sur les émotions, car je suis terrassée par elles. Je pleure plusieurs fois par jour en lisant des messages sur Instagram, en regardant des vidéos de chiens et en imaginant que je vais enterrer les gens que j'aime. Je m'agace en remplissant des papiers administratifs, en lisant des mails exaspérants et en attendant que le signal WiFi se réanime. J'ai une rage insatiable qui me pousse à m'agiter, à désobéir quand il le faut et à m'engager quand je le dois. Et lorsque j'aime, c'est démesurément. Je n'ai donc pas de position sur les émotions, car je passe ma journée dedans, dans leur noirceur et dans leur lumière. Dans leur magma magnifiquement brûlant. C'est peut-être cela traverser le vivant. Je vous souhaite une journée de palpitations.

Ceci est une lueur. Je me sens vraiment chanceuse. C'est étrange comme cette phrase peut sembler creuse. Et pourtant, si je devais décrire à cet instant l'état qui m'étreint, ce serait celui-là. La profonde conscience d'une chance qui vient illuminer la journée d'une sorte de pulsion de joie. Il y a quelque chose de singulier dans ces brefs instants où nous réalisons que chaque seconde vécue en dehors de la peine, de la maladie, de la peur, de la faim et du froid est un miracle. Ce sont des éclairs qui nous connectent, non pas à une crédulité facile, à une bien-pensance illusoire, mais au contraire à une lucidité extrême. Ça n'empêche ni les chagrins, ni les usures. Ça n'étouffe pas l'esprit critique, ni n'apaise les colères. Mais cela rappelle qu'il s'en est fallu de peu pour que la vie soit autre. Pour que les circonstances ne réussissent pas leurs heureux concours. Pour que le goût d'un café au lit, un dimanche matin, soit un luxe inaccessible. De quoi sommes-nous chanceux ? Je le suis de sentir mon corps s'étirer et d'avoir l'espace de dérouler mes pensées. Je le suis de n'avoir jamais eu à baisser le regard. De n'avoir jamais eu peur d'afficher mes croyances, mes convictions, ou de livrer mon identité. Je le suis de travailler sans douleur, de connaître la saveur de la confiance. Je le suis pour tous ceux que j'ai rencontrés. Et surtout, je le suis d'aimer et d'être aimée si fort. Bien sûr, il y a de la discipline et du travail, une somme d'élans qui ont été épousés, mais il y a aussi cette chance qui impose la gratitude. Cette jolie grâce. Ce rayon de soleil qui vient éclairer les destinées. Il s'en est fallu de peu pour que nous soyons autres. Pour que nous ne soyons pas ici à lire ces quelques mots. Spinoza définit la gratitude comme « le désir ou l'élan d'amour par lequel nous nous efforçons de faire du bien à celui qui nous en a fait ». Dans la gratitude, l'amour ne procède pas du manque ou de l'insatisfaction, mais de la joie des dons reçus et partagés. Une joie humble qui sait reconnaître la valeur de la vie offerte. Ce matin, plus que jamais, je nous souhaite de partager notre amour et nos joies.

Ceci est tout ce dont je dispose. J'ai un goût étrange en écrivant ce matin. La sensation inconfortable de participer à l'absurdité de ce monde. Les photos de vacances s'intercalent avec d'insoutenables images de souffrance, selon un algorithme qui n'a jamais été aussi insensé. Que dire dans tout cela ? Qui suis-je pour ajouter du bruit aux hurlements ? N'est-ce qu'un élan narcissique ? Sans doute, mais j'ose prétendre qu'il y a une autre raison. Ce que j'essaye ici chaque matin, c'est de donner de modestes fragments de douceur, d'espoir et de transmission, de petits morceaux pour dire que cela vaut la peine de penser, de lire, d'interroger, de se cultiver. Alors, je vais tenter de continuer. Je peux raconter par exemple que j'ai eu des nouvelles d'Antoine, un de mes anciens élèves, un de ceux que j'avais lorsque j'enseignais au lycée. Aussi brillant que compliqué, il ne rendait jamais aucun devoir. Bavard, cultivé et très bon orateur, il avait en lui une fougue qui parfois se transformait en une colère incontrôlable. Une rage à l'égard du monde, une confiance en miettes, et les dérives qui vont avec. Un jour du mois de mai, quelques semaines avant le bac, Antoine est parti de mon cours en claquant la porte. Il n'est jamais revenu. Et moi, je n'ai pas cessé de culpabiliser. Je n'avais pas su trouver la clé. Et j'étais restée avec mes questions. Que faire quand toutes les stratégies semblent vaines ? Que faire quand on voit un élève couler et qu'on est là, sur la rive avec des bouées défaillantes ? Le jour où Antoine a claqué la porte, je me suis sentie inapte. Bien sûr qu'un prof ne peut pas tout. Bien sûr qu'on en fait déjà assez. Cependant, il y a quelque chose qui se brise et qui laisse un goût amer. Alors quand cinq ans plus tard, je lis qu'Antoine est un jeune homme heureux, épanoui dans sa vie et dans son travail, tout s'illumine. Même cette matinée. Le savoir, l'amour et la confiance vont toujours quelque part, ce sont ces piliers qui avec le temps finissent par éclairer les ombres. Je vous souhaite de donner tout ce que vous pouvez.

Ceci n'est pas qu'un planning. Je ne sais pas si vous avez déjà vécu ce genre de scène. Un jeune enfant marche à côté de ses parents lors d'une promenade, douce et mélancolique, comme le sont les balades du dimanche. Et puis soudain, alors que les adultes discutent sans vraiment lui prêter attention, il se met à déambuler d'une curieuse manière, semblable à un pantin désarticulé ; il mime des personnages connus de lui seul et s'agite comme si un esprit avait pris possession de ses pas. Son attitude contraste avec la sérénité ambiante. Il brise l'atmosphère placide des jours de repos. Il se laisse envahir par un besoin irrépressible d'égarement. Il est pris dans son spectacle, ne cherchant aucun autre spectateur que lui-même. Je crois qu'au fond, nous ressemblons souvent à cet enfant. Dans la monotonie du quotidien, dans le confort enviable de nos habitudes, nous sommes parfois prêt à tout pour qu'il se passe quelque chose et que l'histoire ne soit pas déjà racontée. Prêt à tout pour nous égarer et laisser un fusible disjoncter nos prévisions, nos déroulés limpides, nos labeurs bien orchestrés, nos heures passées devant l'écran, nos charges oppressantes, bien que tant aimées. Ce n'est pas qu'un caprice d'enfant choyé, c'est aussi une minute qui nous rappelle que notre existence n'est pas figée, qu'elle n'est pas qu'un tunnel à l'issue inévitable, ni un placard bien ordonné. Un coup de folie, et nous nous mettons en quête de cet instant d'absurdité, d'extravagance, de frénésie. Un fragment de démence, de légère imprudence, d'incongruité. Écouter la musique trop fort. Appuyer sur l'accélérateur. Fuguer quelques heures. Danser seul dans son salon. Provoquer pour le plaisir qu'on nous réponde. Envoyer un texto inattendu. Aller au bout de la ligne. Faire un geste de trop. Tourner à gauche et non à droite. Rendre la rencontre fortuite. Vriller pour mieux revenir. Et repenser à ces mots de Jón Kalman Stefánsson : « L'enfer, c'est d'être mort et de prendre conscience que vous n'avez pas accordé assez d'attention à la vie à l'époque où vous en aviez la possibilité. »

– Jón Kalman Stefánsson. Je vous souhaite une promenade où le paisible laisse parfois place au bruit.

Ceci est la saveur du monde. Il y a un mot que j'ai appris il y a peu et que j'avais envie de partager ici. C'est celui de *samar*. Rien que de prononcer ces deux syllabes me plonge dans un ailleurs hypnotique. Littéralement, ce terme arabe signifie « préservation ». Historiquement, il s'agit d'un rassemblement social à la tombée du jour, d'un moment où une communauté récite oralement les traditions et les fait vivre. Ce sont quelques heures suspendues où le partage rend palpable l'héritage, et le projette vers l'avenir en en faisant un souvenir. Ces « soirées de préservation » sont une manière de lier les individus autour d'un instant, car à travers les paroles, on s'approprie un récit, une identité, on forge une appartenance. Ce n'est pas une question de dogme, c'est se sentir riche d'ancrage. Le groupe interrompt le cours ordinaire des choses, les fluctuations du quotidien, pour rejouer les scènes qui constituent son origine. C'est encore une fois l'idée précieuse de « faire société ». D'être ensemble. Le *samar* peut aujourd'hui être dépouillé de sa fonction traditionnelle mais demeurer un inestimable moment de vie. Pensons à toutes les soirées que nous passons avec nos familles, avec nos amis, avec notre tribu, à nous remémorer nos exploits, nos gouffres, nos gaffes, nos vacances au soleil, nos week-ends sous la pluie. Pensons à tous ces dîners interminables qui n'ont pas d'autre ambition que d'inscrire nos liens dans le temps. On quitte l'habitude, on délaisse l'accélération pour, ensemble, répéter nos histoires, qui les unes après les autres finissent par former une histoire commune, celle qui fait de l'autre, non pas un individu anonyme, mais notre ami, notre amour, notre frère. Les discussions s'étirent comme si se quitter était impossible, comme si le monde se tenait dans nos paroles entrelacées. Qu'il est beau d'imaginer que nos présences réunies ensemble confèrent au passé un goût d'avenir. Je vous souhaite des discussions infinies.

Ceci est un infini. Combien d'entre nous ont déjà ressenti cette sensation étrange, ce sentiment irrépressible, cette agitation provoquée par l'arrivée imminente de quelqu'un, ou de quelque chose, qu'on espère ? Cette temporalité confuse nous balance d'une minute à l'autre. Mais dans cette minute, se joue l'éternité. Un regard jeté au loin, un autre sur la montre, un geste irrationnel, comme un rituel, comme si soudain, être aux aguets suffisait à faire apparaître ce qu'on attend. L'impatience. Pas celle, tant méprisée, d'une société qui ne connaît que l'insatisfaction et l'immédiateté. Mais celle, joyeuse, vivifiante, qui pousse à regarder par la fenêtre en espérant que le moment soit le bon. En inuit, il y a un terme pour définir cette anticipation heureuse : *iktsuarpok*. Ni anxiété, ni projection oppressante, mais une confiance en l'autre, et surtout, en la beauté qui peut naître du prochain mouvement. *Iktsuarpok* est peut-être intraduisible, mais il se faufile partout. Il habille l'amoureux qui, assis dans son salon, ne parvient pas à se concentrer, car il sait que l'Interphone va sonner. La maman qui, contemplant son ventre rond, ne rêve que d'un premier regard. Le sportif, désireux de la rencontre d'où jaillira son dépassement. L'amie qui se languit de retrouvailles et de débriefings sans fin. Les frères et sœurs dont la complicité a besoin de vécu. L'artiste, projetant son trait final. En somme, tous ceux qui, au quotidien, ont le souffle suspendu au monde qui vient. Tous ceux qui se manquent, et trépignent à l'idée de se serrer dans les bras. Tous ceux qui, sans trahir l'instant, le chargent d'amour et d'un désir qui nous rend plus grand. Je nous souhaite d'être Inuit et que nos retrouvailles soient à deux doigts de se vivre au présent.

Ceci n'est pas un enfermement. « Qu'est-ce qu'une relation saine ? » Elle me regarde comme si une réponse pertinente allait surgir de ma bouche, comme si j'allais la soumettre à un quiz, certifiant que sa relation était sur la bonne voie. Mes lèvres restent muettes, mais mon esprit s'agite. Est sain ce qui est en « bonne santé », en somme, ce qui ne présente aucun signe de maladie. Si l'on suit cette logique, une relation saine est une relation qui n'abîme pas et qui ne met pas à terre. Et c'est peut-être ici que réside toute la difficulté de nos liens. Comment trouver le juste équilibre entre les méandres du cœur et l'indispensable protection ? Comment saisir la différence entre les accrocs, communs à tout échange humain, et les rivages de la souffrance ? Est-ce qu'une relation saine est une relation lisse ? Sans dispute ? Sans larmes ? Sans incompréhension ? Sans déception ? Sans impatience ? Sans peur ? Sans ras-le-bol après plusieurs mois de quasi-confinement ? Le sain est-il normatif et objectif ? Mes questions bousculent mes réponses, elles les entraînent dans les confins du doute. Je crois que la nuance s'apprend, et que chaque relation nous délivre un message, une information qu'il faut décrypter, analyser, travailler. Qu'est-ce qui nous a fait nous sentir bien ? Qu'est-ce qui nous a oppressé ? Et pourquoi ? Au fond, une relation saine n'est pas une relation parfaite, mais celle dans laquelle on se sent « reconnu » et non méprisé, celle où les questionnements ont leur place. La « reconnaissance » est plus qu'un concept, c'est une clé pour les rapports humains. Le philosophe Axel Honneth formule l'idée que le premier mode de reconnaissance mutuelle est la relation d'amour, par laquelle on parvient à la confiance en soi, c'est-à-dire à une certaine sécurité émotionnelle. Nos besoins se voient alors « reconnus », c'est-à-dire qu'ils peuvent être exprimés sans crainte. La relation saine n'est ni facile, ni lisse, ni uniforme, mais elle ne nous dissout pas, elle laisse de la place à toutes nos modalités. Être reconnu et reconnaître, plutôt que redouter et effacer. Je vous souhaite de ne jamais vous laisser abîmer.

Ceci est un dialogue. Je ne sais pas si c'est une image fantasmée ou si c'est une chose qu'on faisait vraiment, mais j'ai le souvenir qu'enfant, on s'allongeait dans l'herbe, les yeux dirigés vers le ciel, aussi immense qu'enveloppant. Hier entre deux paragraphes, je me suis dit que j'allais reproduire ce geste. Étrange instant. Les contours du corps disparaissent, et dans l'esprit émerge la sensation d'appartenir à un monde infiniment vaste. C'est l'impression singulière d'être baigné dans l'éternité, d'en être un fragment, la particule poétique d'une indispensable vanité. Combien sommes-nous à avoir déjà vécu un instant comme celui-ci ? Au sommet d'une montagne, en faisant la planche dans la mer, ou dans une rue vide éclairée par le soleil du matin. Cette expérience intérieure correspond au « sentiment océanique », une expression composée par l'écrivain Romain Rolland pour décrire un état « sans bornes perceptibles ». Selon l'écrivain, c'est ici que réside « la véritable source de l'énergie religieuse », comme si à ce moment-là, nous étions alors capable de nous ouvrir à une immensité. En 1927, il écrit à son ami Freud, pour lui décrire ce doux débordement qui nous mêle à tout ce qui nous entoure. Freud est si intrigué qu'il lui consacre le premier chapitre de son *Malaise dans la civilisation*. Certes, l'aspect religieux ne le convainc pas ; en revanche, l'émotion lui est familière. Il admet l'existence possible de ce « sentiment d'être indissolublement lié, d'appartenir au tout du monde ». Aucune limite entre nous et l'univers. Comme le nourrisson qui, collé à sa mère, ne fait pas de distinction entre sa peau et la sienne. Rien à attendre, juste à ressentir ce qui est là. La beauté du monde, ironique et tendre, qui non seulement nous précède, mais qui surtout ne nous attend pas. « Des millions d'yeux, je le savais, ont contemplé ce paysage, et pour moi il était comme le premier sourire du ciel. » – Albert Camus, *Noces*. Je vous souhaite une journée océanique.

Ceci n'est pas ringard. Il y a une notion que j'aime plus que tout au monde, c'est celle de « loyauté ». Et pourtant, en s'y plongeant, on s'aperçoit qu'elle croule sous des couches de poussière et de silences. Aucun grand système philosophique ne lui accorde de place significative, aucune organisation pédagogique non plus. Et je ne crois pas que dans la vie courante, elle soit beaucoup plus représentée. Au mieux on associe la loyauté à un sombre concept qui n'intéresse que les preux chevaliers, les organisations mafieuses, les féodalités, ou encore le banditisme, en somme des lieux de soumission et de violences archaïques, régis par d'obscurs codes d'honneur. Il est évident que par loyauté, on se prive de précieux compromis et d'indispensables changements d'avis. Mais la loyauté n'est-elle que cela ? Ne s'apparente-t-elle qu'à une forme de rigidité butée ? Je ne le pense pas. Étymologiquement, le mot « loyauté » est un substantif dérivé de l'adjectif « loyal ». Pourtant, la loyauté n'a pas grand-chose à voir avec la loi, au sens juridique du terme. Il s'agit plutôt d'une relation à autrui. En réalité, la loyauté est une manière de se placer face à l'autre, un lien invisible qui attache les hommes entre eux. C'est en elle que naissent la fidélité et l'engagement. La loyauté s'incarne dans la parole donnée, dans la garantie d'une conduite fiable. N'est-ce pas magnifique ? Être convaincu de la loyauté de quelqu'un, c'est être certain qu'il ne va pas nous nuire. Et cela est prodigieux. Dans un monde d'adversités, de trahisons, d'amitiés vite créées, et aussi vite consommées, la loyauté est une marque de panache et de courage. Alors bien sûr, il y a aura toujours des loyautés toxiques, des promesses intenables, des dettes qui nous rongent et dont il faudra se défaire. Mais peut-être qu'un instant au moins, nous pourrions considérer la loyauté comme un havre de paix dans un monde insensé. Alors, honorons tous nos gars sûrs, toutes nos sœurs de vie, tous nos alliés dans les tempêtes, tous ceux qui restent là quand le tonnerre gronde et la lumière s'éteint. Je vous souhaite d'être entouré de preux chevaliers.

Ceci est un équilibre. Une des choses les plus agréables de la vie je trouve, et peut-être les plus émouvantes, c'est de donner. Donner de son temps, de son amour, de ses compétences, de ses affaires, de son argent, et plus encore de soi. J'ai été élevée par une maman qui chez elle, dès qu'on touche à un objet en disant que c'est joli, répond par : « Tiens prends-le ! » Il y a un élan fascinant dans le don. C'est la possibilité immédiate de combler l'autre et peut-être de le rejoindre, en lui conférant un peu de notre personne. Donner est une incroyable façon de rétablir des équilibres précaires, d'apaiser nos rapports, de lutter contre notre obsession consumériste. Mais pour que le don garde de sa superbe, pour qu'il continue à être ce geste rempli d'élégance, il faut aussi que celui qui reçoit puisse avoir, un jour, la possibilité de donner à son tour. C'est l'enjeu mis en lumière par l'un des maîtres de l'anthropologie française, Marcel Mauss. À qui donne-t-on ? Et comment ? Dans son *Essai sur le don*, il étudie la manière dont le don s'inscrit dans un système qui exige un contre-don, autrement dit un deuxième don « en retour », qui évidemment n'a pas besoin d'être immédiat mais peut être repoussé dans le temps. Dans la société qu'il étudie en Océanie, le don est pris dans un système culturel d'une triple obligation : obligation de donner pour renforcer les liens sociaux, de recevoir pour ne pas offenser le donateur, mais aussi obligation de rendre, pour ne pas être humilié soi-même dans son incapacité à participer au système. Certains ici se disent sans doute que le don serait plus beau s'il était totalement gratuit, sans attente, et en même temps, rendre, ce n'est pas être juste poli, c'est tisser à son tour la relation, c'est rappeler que nous avons besoin les uns des autres tout au long de notre vie. Le don et le contre-don permettent de sortir de l'échange marchant et de l'économie de marché. Ils laissent la place à chacun. Merci aux enfants dont je m'occupe de prendre soin de moi lorsque l'âge m'offrira la chance de recevoir. Je vous souhaite la fluidité des dons.

Ceci n'est pas un miroir. Je me souviens du jour où j'ai voulu être blonde. Même si en réalité, il n'y en a pas eu un seul, mais sans doute une centaine. Et de celui où j'ai voulu écrire comme un auteur que j'adore, sachant pourtant que toutes mes phrases allaient sonner faux. Je me souviens aussi de la fois où j'ai voulu changer mon Instagram et mettre des photos bleu piscine pour plus attirer l'œil sur mes mots. Je n'ai rien fait de tout cela. Peut-être moins par conviction que par manque d'audace. Je l'ignore. Mais je sais combien dans la vie, il est tentant d'imiter, de reproduire, de copier. Ce n'est pas de la faiblesse, c'est un mouvement rassurant. Si les autres le font, c'est qu'ils doivent avoir raison. On commence par glisser un œil en CM1 sur la copie de maths de son voisin, et puis, de fil en aiguille, on reproduit des attitudes sans bien savoir ce qu'elles ont à faire avec nous. Dans un texte qui m'a beaucoup marquée et qui se nomme, limpidement, *La Confiance en soi*, le philosophe américain Ralph Waldo Emerson invite à ne jamais imiter. Son argument est aussi bien métaphysique que moral. Dès lors qu'on imite quelqu'un, on se dépossède soi-même, on essaye de reproduire quelque chose qui ne vient pas de soi. L'imitation est très différente de l'exemple. En imitant, on s'interdit les variations, on ne peut être qu'une pâle copie, une version altérée du modèle. En prenant pour exemple, on se donne du courage, on s'approprie et surtout, on se met à faire réellement. Emerson reproche aux étudiants d'Harvard de passer plus de temps à lire qu'à écrire. Certes, l'humilité conduit à se nourrir avant de produire, mais il y a un instant où il faut passer à l'acte. S'exercer, s'entraîner, saisir la vie à travers nos propres termes et rencontrer notre « génie ». Sans aucune prétention, mais avec la conviction que nous sommes tous légitimes. Bien sûr qu'il y a déjà des centaines de milliers de romans d'amour grandioses, mais accorder du crédit à notre mélodie singulière n'est pas un caprice, c'est une opportunité que l'on donne à nos pratiques, à nos travaux, à nos projets et à nos vies. Je vous souhaite de vous donner une chance.

Ceci est mon thème favori. De quelle façon sommes-nous touché par l'extérieur ? Quel est le lien que nous entretenons avec ce qui est en dehors de nous ? Pour y répondre, le philosophe allemand Hartmut Rosa élabore le concept de « résonance ». Le terme désigne la relation que nous avons avec ce qui nous entoure, qu'il s'agisse des individus aussi bien que de la nature. Un professeur qui donne un cours de qualité entre en résonance avec sa classe. Un nouveau-né qui regarde intensément ses parents aussi. Un homme marchant le long de la mer peut se sentir en résonance avec elle, tout comme quelqu'un qui contemple un tableau. En réalité, il existe quatre critères pour reconnaître l'expérience de résonance : pouvoir être affecté par quelque chose, pouvoir réagir à la vue de cette chose, pouvoir être transformé par elle, et ne pas être en mesure de prévoir cette expérience. En somme, il s'agit d'accepter un dialogue invisible et inattendu. Avec les individus, nous sommes en résonance horizontale. Avec la nature, en résonance verticale. Elle nous dépasse et nous précède. Contempler la nature, interagir avec elle, devient ainsi une protection contre le tumulte de notre société. Une possibilité d'échanges infinis, si seulement on en prend soin. Ce n'est pas du folklore new age, c'est être apte à retrouver le contact avec le monde. Se laisser envahir par le seul signal qui compte, celui du vivant. Je vous souhaite des paroles qui résonnent jusqu'au plus profond de votre chair.

Ceci n'est pas une montre. Et combien de temps ça va durer ? L'amour ? L'amitié ? La vie ? Dès que nous traversons quelque chose, nous sommes plongés dans la perspective de sa fin. Quand l'atmosphère est pesante, l'ennui dialogue avec l'impatience. Mais cette étrange agitation devient angoisse dévorante lorsqu'elle plane au-dessus de nos couples, de nos relations, de nos emplois. Un impossible toujours. Un toujours impossible. La perspective d'un imprévisible qui vient nous arracher à nos habitudes, à nos foyers, est terrifiante, autant que l'idée d'un basculement qui viendrait mettre un terme soudain à nos liens. Ça n'est pas dialectisable, ça n'est pas consolable. Il n'y a pas de jolie formule pour faire passer la peine, pour éloigner la crainte. Le lyrisme s'assèche. Et pourtant, c'est dans ces durées aveugles que se joue toute notre existence. Le monde est réglé par les événements, et non par les possibilités prévisibles. Ce sont eux qui nous fondent et qui nous dessinent. Ce sont ces surgissements intimes ou collectifs, dont on méconnaît tout, qui donnent la cadence. L'événement est ce qui advient contre toute attente. Les mots du philosophe Jean-Luc Marion saisissent ce vertige : « La naissance constitue l'événement originaire de ce point de vue : jusqu'à preuve du contraire, ce n'est pas à moi que revient l'initiative de venir au monde. » Est-ce que cela signifie que nous devons rester passifs ? Fébriles à l'idée d'un coup de tonnerre heureux ou malheureux ? Accepter l'événement suppose d'amortir le choc, de le laisser infuser, d'encaisser. Vient ensuite le temps de construire une réponse. Comment faire face ? À cette rupture ? À ce licenciement ? À cette amitié brisée ? Qu'est-ce que cela signifie ? Comment accueillir ce qui vient ? Dès lors, il n'est plus question de se demander combien de temps ça va durer, mais bien d'écouter son âme, de reprendre possession de sa réflexion et de son cœur. Il s'agit de retrouver sa place en prenant son temps. Notre temps. Je vous souhaite une journée de doux surgissements.

Ceci est une échelle. Il y a une chose qui me semble invraisemblable. C'est la jalousie qui fait de l'envie et la concurrence d'acceptables modalités relationnelles. « Non mais t'as vu ce qu'elle fait ? Pour qui elle se prend ? », « Son restau ? C'est de la merde, le mien est tellement mieux », « Il est pathétique à me copier comme ça, c'est moi qui ai inventé ce concept », « T'as vu la place qu'elle prend ? Ça va finir par se retourner contre elle », etc. Combien de fois avons-nous entendu ce type de propos ? Combien de fois avons-nous assisté à ces monologues criant à l'injustice, à ces colères insensées et ces regards outragés ? Des remarques comme celles-ci sont si répandues qu'on finit par les trouver légitimes, et par soi-même, y participer. On attend que l'autre tombe, trébuche, que la roue tourne et qu'il dégage de notre vue. On se réjouit de pouvoir dire que c'était sûr, que c'est bien fait, et qu'enfin on va pouvoir jouir de toute la place. Mais jusqu'à quand ? Jusqu'à ce qu'un autre prenne le soleil à son tour ? Si on prend le temps de les décortiquer, on s'aperçoit de la toxicité que charrient ces raisonnements. J'ai bien des défauts, cependant, je peux affirmer avec une absolue sincérité que la réussite des autres est une joie. Elle me rassure. Car si réussite il y a, c'est que les choses fonctionnent et que l'harmonie fait place au chaos. Nous ne sommes pas inventeur de grand-chose, notre inédit est plus discutable mais je crois que dans la vie intime, comme dans la vie professionnelle, il y a suffisamment de place pour que chacun puisse honorer sa singularité. Certes, il est toujours déstabilisant de constater que certains font « comme nous », parfois même mieux que nous, avec plus de lumière, de facilité, ou d'argent que nous, mais l'important est bien ce qui diffère. Plutôt que de nous épuiser en consommant nos peurs, concentrons-nous peut-être sur nos compétences, sur nos qualités, sur la nécessité de nos projets, sur la coopération, sur ce qui fait de nous des êtres à nul autre pareil. Un nouveau jour se dessine et nous sommes tous en mesure de l'habiter. Je vous souhaite une journée sans concurrence.

Ceci est une parade. « Mais ne prends pas cet air si fier ! » Les paroles sont saisies au hasard d'une rue, et immédiatement, mon esprit enclenche mon imaginaire et ma réflexion. Est-ce un impair que d'être fier, est-ce céder à une dangereuse sirène ? La prétention est la croyance en un privilège illusoire, mais est-ce le cas de la fierté ? Quelle est la dernière fois que nous avons été fiers ? Quel est l'ultime souvenir de ce petit frisson rougissant ? Et qu'est-ce que cela suppose que d'apprendre à être fier de soi ? Et à être fier des autres sans jalousie ? Quelle curieuse sensation que la fierté. Avoir le regard haut, le cou redressé, la tête droite. La fierté parade. Elle est une incarnation, celle d'être ce que l'on a choisi d'être, quitte à afficher sa différence, quitte à faire entendre ses décisions. Elle est une allure, une attitude, une posture. Parfois, elle est un sens de la sape ou un goût du bon mot. Elle n'est pas une acquisition, pas un palmarès, encore moins une compétition. Elle est une décision, et même une politique, car elle suppose d'avoir construit un système, d'avoir pris à bras-le-corps une organisation et de s'être positionné dedans. Pour Aristote, la fierté se nomme « magnanimité », il la considère comme la vertu la plus importante, celle qui couronne toutes les autres. Elle est une voie de l'équilibre entre la vanité et l'humilité : « L'homme magnanime est celui qui se juge digne de grandes choses et en est effectivement digne. » Loin du lâche qui renonce, du timoré qui ignore, de l'arrogant qui se pavane, le fier est solide sur ses appuis. Et puis peut-être que manifester sa fierté est aussi la plus jolie des façons de répondre à l'humiliation, aux prophéties, aux jugements. La fierté nous aide à obtenir quelque chose de plus puissant encore que des réparations, elle est un tremplin vers la reconnaissance de ce que nous sommes. Soyons fiers. De nous, des autres, de ce chemin accompli, de ces batailles menées, de ces luttes qui nous ont fondés. Je vous souhaite de rougir de fierté.

Ceci est mieux qu'un GPS. Il y a une histoire qui me bouleverse et je me suis réveillée en y pensant. Un jour de 1900, au cœur du Finistère, le préhistorien Paul du Châtellier découvrit la « dalle de Saint-Bélec ». Cette grande plaque de l'âge du bronze, gravée de curieuses inscriptions, vint s'ajouter à notre patrimoine mémoriel. Mais sur le moment, personne ne parvint à saisir la signification des motifs répétés dans la pierre. Les cercles, les carrés, les ovales, demeurèrent dans le silence de l'histoire. Jusqu'à aujourd'hui. Et jusqu'à ce qu'une équipe d'archéologues réussisse à établir qu'il s'agirait en réalité d'une carte représentant la vallée de l'Odet. Six cent trente kilomètres schématisés dans le bloc de schiste faisaient de la dalle la plus ancienne cartographie de l'humanité. Au-delà de l'anecdote fascinante, quelque chose m'a bouleversée dans cette information. Mais quoi ? C'est peut-être l'idée qu'il y a quatre mille ans déjà, les hommes avaient besoin d'inventorier leur territoire. Ce n'est pas une question de frontière, encore moins de propriété, mais plutôt l'envie de dire, d'écrire, d'explorer, de lister nos proximités. Quels sont nos territoires ? Quels sont les lieux qui nous constituent ? Quels sont nos exils insupportables ? Quels sont nos routes, nos fleuves, nos passerelles, nos ponts, nos souterrains et nos raccourcis ? Quelles sont les relations qui s'installent à l'intérieur ? Et celles qui restent en périphérie ? Notre identité s'exprime à travers nos parcours. À travers nos cartographies. Qu'est-ce que nous allons graver sur nos dalles secrètes ? Que voulons-nous laisser dans la brume du temps ? Deleuze le rappelle avec une beauté saisissante : « L'analyse de l'inconscient devrait être une géographie plutôt qu'une histoire. » Nous nous étalons dans l'espace, nous prenons place à travers nos errances et nos repères. Je vous souhaite des chemins pour vous perdre, des routes inoubliables et des sentiers fleuris.

Ceci est une couverture de survie. J'ai été invitée à une cérémonie arménienne à Marseille. Il y a toujours quelque chose d'excitant quand on se retrouve plongé dans une culture différente de la sienne. Car il s'agit d'accepter un instant au moins d'adopter d'autres codes, d'autres manières de danser, de manger, d'écouter. C'est une chance inouïe que d'avoir l'opportunité de quitter son centre pour explorer d'autres appuis. J'ai une certaine facilité à me fondre parmi ces familles, ce qui n'est pas très ardu au regard de leur accueil qui est d'une générosité extraordinaire. Quelque chose de leur mélancolie et de leur joie de vivre correspond à ma gamme émotionnelle. Ce « coûte que coûte », qui s'exprime dans la danse, dans les rires, dans la musique trop forte, me bouleverse. À un moment de la soirée, j'ai demandé à l'un des membres de m'expliquer d'où venaient cette ardeur, cette folie de vie, cette fougue qui font battre des mains, des pieds et qui jaillissent dans les cœurs. En remontant les manches de sa chemise et en tirant une longue bouffée sur son cigarillo, il m'a répondu qu'il avait déjà tout perdu, alors il ne restait plus qu'à vivre. Il avait quitté son pays il y a trente ans pour travailler comme un damné, et surtout, il y a quelques années, il avait perdu sa fille alors qu'elle était encore enfant. Les yeux brillants de courage, il se mit à déclarer : « Je sais ce qu'est l'enfer. Je le vis au quotidien. On ne se remet pas de ça. La mort sera sans doute un soulagement. Mais tu sais, en attendant il faut vivre. Vivre très fort. Vivre pour ceux qui ne peuvent plus le faire. Il faut vivre et arrêter d'avoir peur. Car rien n'est grave à part perdre des gens qu'on aime. Tu veux que je t'explique comment je prends une décision ? Bah je fonce. Voilà tout. Je ne me laisse pas le choix. Je me dis que "ça passe ou ça passe". Il n'y a pas d'autre solution. » Le ciel était encore clair, comme il peut l'être dans les longues soirées d'été en Méditerranée. Des enfants passaient entre les chaises. Des femmes, habillées de paillettes, ondulaient des bras. Ça passe ou ça passe. Comme la vie. Je vous souhaite de vivre très fort.

Ceci n'est pas un socle. « Pourquoi tu ne fais pas de *reels* sur Instagram ? » : elle a quatorze ans et semble souffler sur ma poussière. La question n'est pas insolente, elle est prononcée avec un ton doux et concerné. Deux mondes se contemplent. Deux générations au langage, aux pratiques et aux mœurs distincts. Je réfléchis un instant à ma réponse, et je crois qu'elle dépasse de loin le débat sur la pertinence, ou non, d'une nouvelle modalité proposée par Instagram. Son « pourquoi » initial me renvoie à quelque chose qui me touche énormément : pourquoi faisons-nous les choses ? C'est-à-dire : quelle vision portons-nous ? Que poursuivonsnous ? Où se situe notre cohérence ? Lorsque nous avons commencé à créer des écoles, je me suis rendu compte qu'il était tentant d'ajouter dans l'emploi du temps tout un tas d'activités parce qu'elles faisaient « jolies » sur une plaquette de présentation, parce qu'elles avaient l'air « cool », parce qu'elles étaient « à la mode ». C'est séduisant et agréable comme l'est tout ce qui est cosmétique. Et il en est de même dans toutes les sphères de notre vie. Nous faisons tous des choses parce que nous les avons vues ailleurs, chez d'autres, ou parce qu'elles correspondent à une exigence du moment. Parfois, ces nouveautés nous comblent, elles nous éclairent, elles satisfont une quête, elles sont précisément ce qui nous manquait, ou encore, elles nous amusent, et c'est tant mieux. Et puis à d'autres instants, on y cède par nécessité, pour des raisons économiques, pour satisfaire un algorithme, pour répondre à une opportunité de marché, parce qu'il faut bien exister et gagner nos vies. Quelles que soient les perspectives, je ne formule aucun jugement, il n'y a jamais de bonnes ou de mauvaises raisons, mais il y a en revanche les raisons que l'on se donne. Et je ne crois pas qu'on puisse faire l'économie de cette justification intime. Car connaître les réponses à nos « pourquoi » ou du moins, essayer d'y répondre, c'est éviter de se dissoudre sur les rives du vide. Le jour où je saurai quel contenu transmettre dans des *reels*, j'en ferai avec joie. Je vous souhaite de la conscience dans tous les interstices.

Ceci est une direction. Il y a peu, dans le cadre d'un projet éducatif, j'ai dû sélectionner un texte littéraire qui avait été « décisif dans ma vie ». Autant dire que c'est le genre de questions qui me laisse dans un état de sidération tellement j'ai d'extraits à mentionner. Mais il paraît que notre personnalité se dessine à l'aune de notre capacité à faire des choix, alors prenant mes certitudes à deux mains, j'ai fini par sélectionner un paragraphe auquel je pense à chaque fois qu'il me vient à l'idée de me défiler, de fuir, de rebrousser chemin, de déclarer qu'en fait, ce n'est pas pour moi, pas possible, pas viable. Ce paragraphe m'a poussée en avant dans les nombreuses circonstances où j'ai hésité à plonger, où j'ai été attirée par le confort, la facilité et la lâcheté. C'est sans doute cela le « décisif » d'une vie, cet instant où l'on fait « *all in* » parce qu'y renoncer serait encore une façon de se trahir. Alors voilà ces quelques mots, qui j'espère vous enrouleront d'audace autant qu'ils l'ont fait avec moi : « Tu te souviens des vieux dessins animés du Coyote, dit-il, quand le Coyote se précipitait d'une falaise et qu'il continuait à courir jusqu'au moment où il baissait les yeux et réalisait qu'il cavalait dans le vide ? — Ouais. — Eh bien, je me suis toujours demandé ce qui lui serait arrivé s'il n'avait pas regardé en bas.

Est-ce que l'air serait resté solide sous ses pieds jusqu'à ce qu'il ait atteint l'autre bord du précipice ? Je pense que oui, et je pense qu'on est tous comme ça. On s'élance pour traverser le canyon, le regard fixé droit devant soi vers les choses vraiment importantes, mais quelque chose, la peur ou un sentiment d'insécurité, nous fait regarder en bas. Alors on s'aperçoit qu'on marche sur du vide, on panique, on fait demi-tour et on pédale à toute vitesse pour retrouver la terre ferme. Mais si on ne baissait pas les yeux, on arriverait sans problème de l'autre côté. » – *Le Livre de Joe*, Jonathan Tropper. Je vous souhaite de ne pas regarder en bas.

Ceci nous emporte au loin. Le calme s'habille quelquefois d'une curieuse résignation. Nous traversons le quotidien mécaniquement, répétant l'habitude. Et souvent nous y sommes bien. Mais parfois, ce qui nous manque terriblement, comme un éclair, comme une urgence, c'est le *hwyl*. D'origine galloise, le *hwyl* désigne littéralement la voile d'un bateau qui se charge de vent pour l'emmener vers l'horizon. Mais c'est dans son usage métaphorique qu'il devient bouleversant. Dans *Garthowen* en 1899, la romancière Allen Raine le définit comme « un don particulier », « une exaltation soudaine ». Le *hwyl* est un état d'esprit, une excitation qui réchauffe le cœur, qui fait monter le rose aux joues. C'est la joie de l'écolier à l'heure de la récréation lorsqu'il se précipite dans la cour. Celle de l'auteur en pleine inspiration ou celle des amis lors d'une soirée d'allégresse. C'est l'euphorie du chanteur revenant sur scène au moment du rappel. C'est la puissance de ceux qui se sentent investis d'une confiance inébranlable, d'un sentiment de conquête, qu'aucune ombre ne peut dissoudre. Faites que notre courage, nos pensées et notre amour puissent convoquer la tempête et la rapprocher de nos falaises. Pour qu'à nouveau, le vent souffle dans nos voiles. Hwyl fawr. Je vous souhaite de sentir venir la tempête.

Ceci est un plongeon. Il y a un sujet sur lequel j'écris souvent. C'est bien entendu la question de la confiance, ou plus précisément l'arbitrage entre, d'un côté, une angoisse existentielle, qui nourrit mes questionnements, mon intuition, ma sensibilité, voire même mon métier, et de l'autre côté, une indispensable confiance en moi, mais aussi, et surtout, en la vie, en ces possibles qui se renouvellent sans cesse, et qui nous donnent le courage de croire que notre monde ne va pas s'arrêter de tourner. Souvent, je tangue entre les deux. Entre une terreur des fins, de toutes les fins, et une passion absolue pour les débuts, pour l'ivresse des matins. Chaque jour, je me réveille heureuse de ne pas être encore morte, de pouvoir à nouveau aimer, écrire, lancer des projets, rencontrer des gens, aider, tendre la main, collaborer. Mais chaque soir, je me couche avec la conscience aiguë que les « choses » tiennent à un fil. Un tout petit fil. Comment se fait-il que nos organes arrivent à faire autant de prouesses quotidiennes ? Comment est-ce possible que mes parents, mon frère et mes proches continuent de m'aimer ? Et par quel miracle ai-je encore un travail, des lecteurs, et même de l'argent ? Comment se fait-il que tout ne se soit pas arrêté ? Peut-être que certains trouveront que ce sont d'étranges questions, et pourtant, elles m'habitent en permanence, comme si rien jamais n'était évidence, comme si tout devait être perçu pour être apprécié. Sans doute est-ce lié au fait que je suis née à la fin de l'année, à une heure de crépuscule, dans une obscurité si grande qu'il en fallut de l'espoir pour choisir la lumière, pour décider, avec audace, d'aller vers elle et se convaincre qu'à un moment viennent l'aube et le printemps. C'est cette même fougue que je nous souhaite aujourd'hui, ce courage philosophique dont nous avons tant besoin. Nous pouvons tanguer, mais en laissant nos pieds nous ancrer du bon côté. Celui des lueurs et des joies profondes. Celui de la créativité qui nous fait sortir de la nuit. Je nous souhaite, comme le dit si bien Camus, la pertinence d'une

« pensée pessimiste » et la puissance d'une « action optimiste ».

Ceci n'est pas parfait. En ce moment, j'écris. Et comme à chaque fois, avant de débuter un nouveau chapitre, les mêmes pensées m'assaillent. Et si je n'y parvenais pas ? Et si c'était nul ? Et si mon texte était en fait d'un ennui terrible ? Et si rien de ce que je tape n'était justifié ou intéressant ? Et si mes mots n'arrivaient pas à être les bons ? Je crois que c'est précisément dans cette avalanche de doutes franchement pénibles que se joue cette fameuse « confiance en soi » qui nous fait si souvent défaut. À l'instant même où l'on doit « faire », « agir », « concrétiser », des schémas négatifs se mettent en place et des réflexions obsédantes viennent nous paralyser. Je me souviens d'un élève talentueux qui préférait ne pas rendre ses disserts plutôt que de risquer la critique. Alors, comment y remédier ? Comment construire une base solide ? Eh bien peut-être, justement, en acceptant qu'elle ne le soit pas. Le philosophe Ralph Waldo Emerson donne à ce sujet, une percutante définition de la confiance en soi. Pour lui, la confiance ne suppose absolument pas un « soi » sur lequel on s'appuie. Au contraire, la confiance en soi impose de sentir qu'on va au-delà de soi-même, hors de soi, pour trouver peut-être une situation dans laquelle on se sent plus ajusté. À la base de la confiance en soi, on trouve donc un soi fragile et mouvant, et surtout, une forme de perfectionnisme moral, c'est-à-dire l'idée d'une perfection que chacun cherche dans la vie en visant un état meilleur de soi-même. Ce cheminement perfectionniste prend des formes très diverses, il se nourrit des échanges avec autrui, de conversations où chacun s'éduque mutuellement, et où se fait sentir un progrès commun. Mais il s'exprime aussi par des actions qui conduisent à la confiance en soi par l'impossibilité d'accepter le monde tel qu'il est. En somme, cette perfection n'a rien de parfait ! Elle est une exploration, ce n'est pas une bonne note, ce n'est pas une question de réussite, un appel à dire ce qu'il y a au fond de son cœur et ce vers quoi on veut tendre. Je vous souhaite de vous le rappeler la prochaine fois que vous tanguez.

Ceci n'est pas une fatalité. Il y a peu, j'ai lu une citation de Gustave Flaubert : « La confiance en soi est le premier secret du succès. » J'ai inspiré un grand coup en essayant d'intégrer ces mots, et puis j'ai fini par expirer en me disant que j'étais vraiment mal barrée. Il faut dire qu'en trente-six ans, j'ai eu l'occasion d'explorer un nombre incalculable de théories sur le sujet. J'ai lu des dizaines de textes de philosophes, des méthodes de coaching, des récits d'athlètes de haut niveau, et même des interviews d'acteurs hollywoodiens. Tous expliquaient, chacun à leur façon, ce que cela suppose de croire en soi. Grâce à toutes ces lectures, j'ai compris que nos pensées étaient déterminantes, car elles façonnaient notre réalité ; j'ai compris que le culot était souvent récompensé, et que le regard que l'on posait sur nous-même déterminait l'opinion des autres. En outre, je fais partie de ces gens incroyablement chanceux qui ont été aimés et soutenus tout au long de leur vie. Je devrais donc être armée mieux que n'importe qui pour plonger dans le monde avec sérénité. Et pourtant, malgré tous ces outils, et toutes les références dont je dispose, je frôle la tachycardie à chaque projet, je travaille mille fois plus qu'on me le demande pour certifier que ça valait la peine de me contacter, je suis toujours prête à ce que tout s'arrête, et quand le succès arrive, je le regarde avec une grande distance pour surtout ne pas m'habituer. J'admire les gens qui savent négocier, ceux qui n'ont pas le vertige, ceux qui vivent au jour le jour sachant que le meilleur arrive. Je parle de moi, mais je crois que nous sommes nombreux dans ce cas-là. Alors comme le sous-entend Flaubert, sommes-nous condamné à l'échec ? Fort heureusement, je ne pense pas. Car il y a deux choses prodigieuses que m'a apprises mon manque de confiance, c'est le goût de l'effort comme l'humilité qu'il suppose, et c'est la capacité à s'entourer pour moins tanguer, car j'ai confiance en les autres. La discipline rigoureuse et l'action collective ne me rendent pas plus solide, mais m'ont permis d'oser et de m'aventurer. Je vous souhaite d'aimer vos failles et de les remplir de tendresse.

Ceci est une chambre avec vue. « Y a-t-il assez de vie dans ma vie ? » Je relis pour la centième fois cette phrase de Delphine Horvilleur. Et tout d'un coup, c'est comme si ses mots n'avaient pas d'autre choix que de devenir les miens. Y a-t-il assez de vie dans ma vie ? Voilà trente-six ans que je me pose implicitement cette question, et qu'à chaque angoisse, elle ressurgit. Peut-être que c'est ce qui me pousse à réfléchir ici, chaque matin. Car finalement, l'interrogation revêt encore plus de pertinence lorsqu'elle est au pluriel. Y a-t-il assez de vie dans nos vies ? Nous oscillons entre peur, lassitude, découragement, incompréhension et déraison. Où est passé notre désir ? Où est passé ce surplus d'existence qui nous pousse à aller au-delà des collines de la médiocrité ? Je refuse cette narration de la déchéance, ces renoncements du quotidien, cette perte de hauteur. Il y a longtemps je suis allée à un enterrement dans un crématorium, un écran diffusait des images du défunt, jusqu'à ce moment incongru où un message est apparu sur le téléviseur : « *no signal input* ». Plus de signal, le néant, chronique d'une fin irrémédiable. Que faire en attendant, si ce n'est vivre très fort ? Traverser tous les échelons de l'échelle émotionnelle. S'enivrer de bruits, d'amour, de goûts, de chair, de beauté. Et aussi d'envies, pas celles qui nous rapetissent de jalousie, mais celles qui nous élèvent et s'infiltrent dans notre motivation. Ce n'est pas une ode au chaos, c'est une ode aux palpitations. Bien sûr qu'on peut avoir une vie sereine, pourtant sa quête ne doit pas nous limiter et ne doit pas nous empêcher de laisser le désir grandir à chaque instant. Il faut de la pensée et de l'amour pour vivre grand. Je sais que je finirai dans un cercueil, au-dessus duquel sera écrit « *no signal input* », mais en attendant, je veux le panache d'une chambre avec vue, et que les soirs de fatigue soient aussi des soirs de fête. « L'importance de l'équilibre, c'est que rien ne bouge. La beauté de l'équilibre, c'est qu'il suffit d'un souffle pour tout faire bouger. » – Julien Gracq. Je vous souhaite une journée vivante.

Ceci est un refrain. Ces derniers temps, mes nuits profondes ont laissé place à un curieux sommeil paradoxal, rempli de propos insolites, d'associations d'idées singulières et de cauchemars très circonstanciés. C'est ainsi que cette nuit, je me suis mise à fredonner *Envie d'avoir envie* de Johnny Hallyday. Étrange berceuse nocturne. Alors certes, j'aimerais être une philosophe suffisamment aguerrie pour déclamer Aristote ou Spinoza pendant mes songes, mais il s'avère que mon inconscient préfère penser avec des chanteurs populaires. En vérité, j'ai ressenti une certaine satisfaction dans ce surgissement incongru, car au réveil je suis allée lire les paroles dont je n'étais plus tout à fait certaine, celles écrites par Jean-Jacques Goldman : « On m'a trop donné bien avant l'envie, j'ai oublié les rêves et les mercis, toutes ces choses qui avaient un prix qui font l'envie de vivre, et le désir, et le plaisir aussi. » J'ai été émue. Je me suis demandé quelle était la dernière fois que nous avions eu, collectivement, envie de quelque chose. J'ai parfois la sensation que notre part de colère a remplacé notre capacité d'envie. Partout, violence, opposition, invective. Et quand ce n'est pas ce funeste triptyque, c'est une forme d'indifférence, de découragement ou de paralysie qui vient ravager nos cœurs. Nous échouons là, blasés et tristes, en panne de nous-mêmes. Mais où est passée notre « envie d'avoir envie » ? Comment retrouver cette fougue ? Comment réactiver cette tension qui nous conduit à aimer, à vouloir transformer, à nous impatienter, à soulever des montagnes, à nous agiter, à rêver et à remercier ? Faut-il revenir à la frustration pour y goûter à nouveau ? Faut-il faire de nous des enfants punis au lieu d'enfants gâtés ? Je l'ignore. Mais je sais que l'envie est un feu à chérir, celui qui nous permet d'aller au-delà de nous-mêmes, de bâtir des projets, de bousculer notre propre existence aussi bien que cette société qui mérite si souvent qu'on la secoue. L'envie est notre seul tremplin vers l'avenir, voilà pourquoi elle nous donne vie. Ce matin, plus que jamais j'ai envie d'amour. Je vous souhaite d'allumer le feu.

Ceci est une étrangeté. Décider de parler de la famille, c'est mettre les mains dans la terre, c'est observer les racines qui nous fondent et les pourrissements qui nous empêchent de grandir. C'est observer le meilleur et le pire. La famille est sans doute l'espace qui m'intéresse le plus au monde. Dans l'amour, l'absence, la toxicité, la frustration, elle est ce premier noyau dont nous sommes tous issus. L'interroger revient à plonger dans les abîmes de notre généalogie, à réfléchir à tout ce qui nous précède, à tout ce qui nous survivra, et à choisir ce qu'on décide de porter ou d'abandonner. La famille se définit juridiquement, pourtant elle est un mystère. Que sont pour nous nos parents, nos enfants, nos neveux, nos oncles, nos tantes ? Qu'est-ce qui nous lie avec ces individus ? Le sang ? Le devoir ? L'amour ? La reconnaissance ? L'habitude ? Pourquoi est-ce si dur de faire avec mais aussi de faire sans ? Pourquoi est-ce si précieux et souvent si complexe ? Pourquoi est-ce si insupportable et parfois si beau ? À défaut d'être exhaustive, je vous propose de nous promener, à travers le regard de quelques philosophes, chercheurs, penseurs, et d'observer s'ils parviennent à mettre des mots sur nos silences, nos émotions, nos conceptions, nos douleurs. Car après tout, ici, il n'est pas question de disserter sur une norme, mais bien au contraire d'en constater l'étrangeté. Je vous souhaite une belle journée avec ceux qui vous élèvent.

Ceci est une boîte à couture. C'est tellement dur les rapports humains, tellement aride de se comprendre. De ne pas se faire de peine. De ne pas se vexer. De formuler nos difficultés et nos désaccords sans tabou, ni haine, ni colère. C'est tellement complexe de ne pas être happé par la culpabilité, par la rancœur ou par l'abattement. C'est si épineux de ne pas être blessant, maladroit ou méprisant. De ne pas montrer son exaspération, tout en manifestant sa souffrance. De ne pas exiger de l'autre ce que l'on ne donne pas soi-même. De savoir ce qu'il est juste de faire et légitime de dire. L'autre jour un enfant d'une de nos écoles a exprimé quelque chose qui m'a marquée, il a voulu révéler aux autres copains de classe que ses parents venaient de divorcer. Il n'était pas vraiment triste, mais plutôt résigné, comme si l'inéluctable défaite était intégrée. Il a fini par ses mots : « Ils n'ont pas réussi à se recoudre. » Je n'aime pas penser en termes de réussites et d'échecs, mais l'idée de la couture m'émeut toujours. Quels fils faut-il pour se « recoudre » ? Avec nos amours, nos amis, nos proches, nos partenaires ? Pourquoi est-il si facile de parler à certains et si pénible de balbutier devant d'autres ? Comment faire en sorte d'évoquer ce qu'on pense, pour avancer, sans choquer ?

Souvent, je trouve ça si complexe que j'aimerais être un chien. Ne plus répondre, ne plus ouvrir les messages, ne plus rien affronter. Et puis soudain, je me souviens que nous avons tous une boîte à couture remplie d'ustensiles comme la confiance, le courage, et surtout, des milliers de mots. Ce n'est pas une question de communication ou de techniques à maîtriser, c'est une question d'amour. Avec qui a-t-on envie de se « recoudre » ? Rien ne nous assure que ça fonctionnera et que l'assemblage tiendra, mais pour la fine poignée d'individus avec qui on a envie de le faire, ça vaut la peine je crois de s'enfermer dans l'atelier, un point après l'autre, de tisser ce qui s'est effiloché. « Le ciel est un dé à coudre. » – Paul Éluard. Je vous souhaite d'être d'habiles tailleurs.

Ceci est une géographie. « Chaque ami représente un monde en nous, un monde qui n'aurait peut-être jamais existé sans lui, et que cette rencontre a rendu possible. » – Anaïs Nin. Qu'est-ce qu'une rencontre si ce n'est ce territoire dont on ressort transformé ? Bien sûr, il y a l'amitié de bande, de tribu, de clan. Celle des soirs de fête et des longues journées d'été. Celle qui se fonde sur le sentiment rassurant d'appartenance. Mais dans l'intimité, dans le précieux pacte du tête-à-tête, il se joue autre chose. La confrontation à l'altérité, la découverte de l'autre et l'étonnement de découvrir quelque chose en nous que nous ne connaissions pas. La rencontre est ce qui nous ouvre les portes de cet espace dont on revient grandi, désarmé, troublé, renouvelé et débarrassé parfois d'une pesante identité. Mais il ne s'agit pas seulement d'un retour à soi, il est aussi question de se réjouir de l'existence de cet ami, d'être fasciné par sa singularité, de se laisser envahir par ses triomphes et par ses peines. Nous sommes à la fois objet et sujet de ce curieux tissu d'humanité. L'amitié est un rivage sur lequel on chemine, sur lequel parfois on trébuche, mais dont l'horizon nous semble toujours empli d'une promesse. Celle de la confiance en les aubes à venir. Je vous souhaite une immense amitié.

Ceci est plus qu'un entraînement. Le rythme cardiaque s'accélère. Des gouttes de sueur perlent sur le haut du front. La cage thoracique tente d'agrandir son espace. Une légère raideur dans le bassin nous rappelle à notre condition. Le sport est une ode au miracle et à la fragilité du vivant. Ce n'est pas qu'une question de performance, de minceur, de réussite ou de vanité, car l'enjeu est bien celui du mouvement. Ressentir. Tout ce qui s'articule en nous. Tout ce qui se meut. Et comprendre ce que nos tensions ont à nous dire, ce que racontent nos déséquilibres, nos fatigues, nos pulsations, nos articulations qui vrillent. Qu'importe s'il ne s'agit que de quelques minutes ou de quelques millimètres. Ce n'est pas un défi, ni une consommation, c'est un dialogue avec nos muscles, nos organes, notre chair, nos flux. Avec tout ce que comporte cette mécanique prodigieuse, celle qui nous rend ivre de vie, et qui nous offre chaque jour un véhicule permettant de réaliser toutes nos perspectives. Le corps est le support de nos cris, de nos larmes, de nos joies, de nos désirs. Et c'est bien pour cela qu'il mérite qu'on le soigne, qu'on le célèbre, qu'on le chérisse. Qu'on le sorte de ces deux rivages contraires, celui de la souffrance reine et celui de la jouissance à tout prix. Dans l'Antiquité grecque, à côté des lettres, de la musique et de la poésie, la gymnastique fait partie des disciplines formant le socle de l'éducation traditionnelle. Elle donne vigueur et santé à celui qui l'exerce de manière régulière, avec modération et conscience. Mais si elle est louable pour Aristote, ce n'est pas seulement parce qu'elle développe l'adresse et la vigueur physique, c'est également parce qu'elle exerce le courage. Le courage de s'arrêter quand il faut, et de continuer quand on le peut. Le courage de laisser l'âme se nourrir de notre souffle. Le courage de renoncer à l'excès pour satisfaire son juste besoin. Le sport n'est pas une fin en soi, mais une possible passerelle pour relier ce tout si parfaitement imparfait qu'on appelle l'homme. Je vous souhaite une journée d'esprit sain dans un corps divin.

Ceci est la fureur. Celle qui nous fait vivre. L'autre jour, quelqu'un m'a demandé si mener une vie « philosophique » supposait d'être calme, presque détaché. J'ai failli rire pensant que si c'était le cas, j'en étais alors très loin. Qu'est-ce qu'une vie bonne, si ce n'est une vie que l'on a décidé de construire en assumant toutes les conséquences ? La sagesse n'est-elle pas plutôt une recherche de cohérence et de solidité ? Pas une sérénité factice, ni une méditation galvaudée ou des conflits dissimulés, mais au contraire la capacité à observer le mouvement, à traverser les vagues, à les ressentir, à nous laisser interroger par nos démons, nos doutes, nos déviances. La philosophie n'est pas un dogme austère. Et d'ailleurs, elle n'interdit pas non plus la colère. D'un point de vue psychologique, la colère produit de mauvaises ondes qui court-circuitent nos relations avec autrui. Mais d'un point de vue philosophique, la colère est finalement une émotion très saine. Parce qu'elle est une puissance de défense et d'affirmation de soi. Elle ne s'oppose pas à la joie, mais à l'indifférence, à la honte et à la tristesse, vectrices de soumission. C'est bien loin d'être une passion triste comme le ressentiment et l'envie, car la colère porte des revendications, l'idéal d'un devoir-être face à un réel insatisfaisant. La colère n'est pas l'indignation, l'irritation ou la haine. C'est une forme d'ouverture au monde. Dans la colère, on crie aux autres, aux choses, qu'on n'a pas encore rendu les armes, qu'on est en éveil. La philosophie n'est donc résolument pas une ode à l'anesthésie. Elle est une ode aux vivants. À la fureur de vivre.

Ceci est l'appel du large. Il n'y a pas longtemps, j'ai lu l'histoire de Christiane Kritzer. Christiane est une jeune femme de trente-quatre ans qui ressemble, sans doute, a beaucoup de jeunes femmes de son âge. Mais il y a dans sa vie quelque chose, qui je crois, s'adresse à chacun de nous. L'histoire commence juste avant la pandémie, lorsqu'elle décroche un contrat de quatre ans pour effectuer sa thèse. Christiane avait déjà derrière elle dix ans d'études en histoire de l'art et en restauration de tableaux, mais elle était passionnée et ne pouvait pas refuser la possibilité d'une bourse. Son existence était donc réglée, ordonnée, cohérente. Mais est-ce ainsi qu'on souhaite mener nos jours ? Quelques mois plus tard, elle est saisie d'un léger trouble, une forme d'agitation ou d'ennui circonstancié. Christiane sent qu'elle n'est « pas à sa place ». Sur un coup de tête, elle décide alors de recontacter une amie qui travaille dans un camping en Norvège. Elles se connaissent depuis l'adolescence et renouent avec plaisir. L'idée de se retrouver pour les vacances s'impose. Et soudain, par un curieux mélange de volonté et de hasard, l'incongruité du destin surgit avec toute son ironie. Christiane et son amie tombent amoureuses alors même que la crise sanitaire entraîne la fermeture des frontières. C'est alors que Christiane décide de travailler au camping, d'apprendre le norvégien et de changer radicalement de chemin. Aujourd'hui, elle est heureuse, amoureuse et épanouie dans son travail. Tous les matins, quand elle ouvre sa fenêtre, elle se dit émerveillée par le paysage. On pourrait trouver que toute cette narration est furieusement banale, un énième conte de fées un peu cliché. Et pourtant, je crois que la figure de Christiane Kritzer nous fait réfléchir aux racines de nos audaces. Son courage, dit-elle, n'est pas d'avoir foncé, c'est d'avoir épousé ce qui se présentait là devant elle. L'audace, dit Kant, réside dans le *sapere aude*, dans ce « ose penser par toi-même » qui exige d'ouvrir grand les yeux, au-delà du confort, des habitudes et des projections négatives, en ayant la tête haute et tournée vers l'horizon. Je vous souhaite d'épouser ce qui est.

Ceci est un jeu de piste. « Ah non mais publie pas cette photo, je ne m'aime pas en ce moment, t'as vu la taille de mes cuisses ? » Une phrase anodine, banale, clichée, et pourtant significative et si souvent déclinée. L'autre jour, dans une conversation, j'évoquais la singularité du corps féminin. Cette chair dont la vie semble n'être jamais linéaire. Ce sang qui fluctue. Cette peau qui raconte. Ces cycles qui jonglent avec nos ressentis. Un tumulte constant, en dialogue avec l'extérieur, perméable aux impacts, aux douleurs, aux sentiments. C'est un ventre gonflé par l'angoisse, par la venue des règles ou par leur absence. C'est une poitrine qui se fait un peu lourde. C'est une hanche dont le vécu dessine la courbe. Je me demande combien de temps nous passons à scruter notre corps au fil des décennies. Combien de minutes sont consacrées à l'analyser ? À le commenter ? À l'apprivoiser ? À le détester ? À tenter de saisir ce qu'il a à nous dire ? À le trouver trop gonflé, trop fin, trop fripé ? Combien de vitrines abritent notre regard ou nous forcent à le détourner ? Quelle épuisante entreprise. Quelle fatigue que celle de nos jugements permanents et de nos odieux conditionnements. Pourtant, au-delà des déchirements qu'elle suppose et des vertiges destructeurs, cette attention portée à notre enveloppe pourrait devenir passionnante, si elle abandonnait enfin sa sévérité. Car à travers tous ces changements et toutes ces variations, ce que notre anatomie nous propose, c'est une ode au mouvement. N'est-ce pas prodigieux de se dire que nous avons un corps qui a l'habilité de bouger, un corps qui n'est pas figé ? Il y a quelque chose qui me fascine là-dedans, moi qui suis terrorisée par l'immobilité. Nos organes, eux, ont saisi l'impermanence des choses et sa beauté. Ils nous engagent à trouver de la douceur dans notre sauvagerie, de la confiance dans nos complexes, du confort dans l'inconfort. Et surtout, à regarder serein les vagues qui vont et viennent. Voilà avec quoi je pars ce matin, en voulant transmettre aux enfants de nos écoles l'envie de choyer cette chorégraphie du corps. Je vous souhaite de l'aimer aussi fort que vous pouvez.

Ceci n'est pas une possession. Le corps. Sublimé, magnifié, contrôlé. Plus qu'une tendance, une nouvelle ère. Nous sommes désormais amené à faire de notre corps le centre de notre identité. On ne le subit plus, mais on le choisit. Espace constant de créativité. D'une façon inédite, il y a une pluralité de corps, accessibles par l'entraînement, l'alimentation, l'habillement. L'espérance de vie augmente, elle s'étire dans une infinité de possibles et de renouvellements. Le corps peut devenir confortable, les traitements, la discipline et l'hygiène de vie nous offrent une nouvelle perspective : celle de la puissance. Le triomphe d'une chair qui n'est plus tabou. Cette mutation anthropologique est bouleversante et libératrice. L'individu moderne se retrouve avec de nouveaux pouvoirs, mais aussi avec de nouvelles responsabilités. Il faut entretenir ce corps, le soigner, le comprendre. Plus on dispose de moyens techniques, de moyens d'information (sur la nutrition, la médecine, etc.), moins on peut ignorer nos devoirs vis-à-vis de lui. Ainsi le rapport contemporain au corps est celui d'un pouvoir, mais aussi d'une culpabilité. D'espace ignoré, maltraité, il est devenu le centre de toutes nos injonctions. L'oubli laisse place à la dureté. Il faut. Ritournelle nécessaire mais obsédante. Comme s'il y avait une vérité à la clé. Comme si à nouveau le corps était séparé de l'esprit. Une exigence de vie longue, et non de vie bonne. Peut-être que c'est ici qu'une nuance s'impose. Un dialogue intime. Le juste positionnement entre un corps qui existe enfin, qui se libère, se montre, se soigne, et un corps instrumentalisé, qui n'est qu'un objet soumis aux diktats sociétaux. Nous n'avons pas un corps. Nous sommes un corps. Une somme confuse d'émotions et de sensations qui s'entrechoquent. En prendre soin, c'est aussi être à l'écoute de ce tout. Je vous souhaite une journée de douceur et d'attention. Une journée où l'être ne fait qu'un.

Ceci n'est pas une liste de courses. Un croissant à la crème de pistache. Du poulpe grillé. Une salade de pastèque à la feta. Des chouchous légèrement sablés. Un gâteau au miel après la baignade. Des *linguine alle vongole*. Un smoothie au lait de coco. Des brochettes de légumes au barbecue. Du melon au poivre. Un couscous à l'orge. Une poignée de cerises sous un arbre. La confiture de

Mamie. Du chocolat noir. Du houmous pita en plein soleil. Un double expresso. C'est troublant d'imaginer tout ce que notre alimentation raconte sur notre identité. Qu'est-ce qui est « bon » et pourquoi ? Est-ce une question de saveur, de contexte, de nutriments, de culture, d'éducation, d'éthique, de production, de gourmandise, de calories ? Qu'est-ce que nous exprimons lorsque nous nous léchons les babines ? À quoi pense-t-on lorsqu'on mastique, lorsqu'on avale, et lorsqu'on déglutit ? Le sujet n'a rien d'anodin. Il est intime et bouleversant. S'attarder sur l'aliment, c'est comprendre qu'il est un objet d'histoire, et qu'il porte en lui une part symbolique, géographique, affective et politique. Qu'on mange ou pas, qu'on ne pense qu'à ça ou que tout nous dégoûte : manger compte. Au commencement, était la bouche. L'aliment nous questionne et nous confronte. Nos bouchées contiennent nos désirs, nos errances, nos doutes, nos libertés, nos décisions et nos compromissions. Pour Kant l'aliment perturbe, dérange, étonne, et c'est bien pour cela qu'il est philosophique. Il abolit les frontières, crée des passerelles d'idées, de gestes, de disciplines, de transmissions. Pour Nietzsche, il y a une corrélation évidente entre l'estomac et l'esprit, il cherche d'ailleurs à nous convaincre que la lourdeur de la civilisation découle de la richesse des mets que nous avalons. Dans les écrits de Barthes, notre nationalité se joue dans l'assiette. Et chez Claude Levi-Strauss : « Il ne suffit pas qu'un aliment soit bon à manger, encore faut-il qu'il soit bon à penser. » Et pour nous ? De quoi nous remplissons-nous ? De quoi avons-nous faim ? Je vous souhaite de passer à table.

Ceci est tout ce que je vous souhaite. Le *keyif*, un seul mot pour décrire les vacances de la conscience. Ce mot turc, d'origine arabe, désigne une façon d'être paisible, de laisser se diffuser en soi une véritable détente du corps et de l'esprit. Le *keyif* est un art, celui de prendre son temps, de permettre aux minutes de se dilater. Dans le *keyif*, il n'y a rien d'autre à conquérir que la sérénité. Un café en terrasse. Un bain chaud dans lequel on traîne. Un film regardé du coin de l'œil. Un paysage harmonieux. Une cigarette à la fenêtre. Une balade en bord de mer. Une étreinte infinie. Pour accéder au *keyif*, nous devons nous laisser envahir par ce qui est, par la puissance de l'instant, en étant convaincu qu'il contient déjà tout. Et surtout, être capable de le savourer sans chercher à l'utiliser, sans le dialectiser, sans en attendre quoi que ce soit, pas même l'espérance d'un potentiel bien-être. Juste apprécier la beauté de l'occupation inutile. Plus engagé que le plaisir, plus paisible que la jouissance, plus bavard que la méditation, le *keyif* place la conscience en état de veille, alors que tous les sens sont en éveil, prompts à écouter les bruits du monde. Une saveur sur la langue, la douceur d'un drap, l'éclat d'un rayon de soleil dans une flaque d'eau, une note enveloppante. Ce n'est pas une futilité. C'est indispensable précisément parce que c'est vain. Devenir pendant quelques instants un spectateur. Mais alors comment accéder au *keyif*? En 1670, on prétendait que les Ottomans buvaient du vin pour y parvenir. L'ivresse serait-elle la seule issue ? Et s'il s'agissait plutôt de rendre les armes ? De s'adresser à la sensualité plutôt qu'à la raison ? À l'imagination plutôt qu'à la consommation ? Juste quelques minutes de *keyif* pour kiffer. Je vous souhaite une journée d'horizon d'inutilité.

Ceci n'est pas un radotage. « Oh là, là, tu te souviens du jour où j'ai dit à Charlotte qu'elle pouvait pas venir à Nice ? » Hier, en attrapant cette phrase au hasard d'une rue, je me suis demandé pourquoi on racontait si souvent les mêmes histoires. Comment se fait-il qu'il existe, dans chaque famille, dans chaque groupe d'amis ou dans chaque couple, des récits mille fois répétés, des légendes qui appartiennent à notre patrimoine commun ? Ces aventures ne sont pas des anecdotes comme les autres, ce sont des épisodes dont on connaît le début, la fin, et toutes les articulations, et qu'on continue pourtant à partager, comme si l'usure n'avait pas de prise sur elles, et comme si, à force d'être remises au goût du jour dans nos conversations, elles allaient révéler un secret, quelque chose d'inédit ou qu'on avait omis. Or, c'est peut-être précisément cela qui se joue dans ces histoires, sans même qu'on s'en rende compte : l'attente d'une écoute au présent. Ces mythes incontournables ne sont pas seulement des repères qui lient les interlocuteurs, ce sont aussi des cailloux que l'on tient dans la main et qui finissent par se polir pour prendre une forme qui nous convient. C'est ce qui me fascine dans la répétition. On répète, on répète, on répète, parce qu'à chaque fois, on dit quelque chose de nouveau. C'est un besoin de réaffirmer une amitié ou de rappeler une souffrance. C'est une envie de susciter un rire ou une tendresse enfouie. C'est la nécessité implicite de légitimer un comportement ou une tentative pour raviver une complicité. C'est une grille d'explication servant à justifier un comportement, une manière de marquer la force des liens, ou encore, une façon de se souvenir de qui on était. Bref, les raisons sont nombreuses et appartiennent à chaque écosystème, mais je crois que cet apparent radotage n'est jamais vain. Les mots réclament notre attention. Quels sont les récits que nous répétons ? Que disent-ils de nous ? Pourquoi le fait d'avoir un jour dit non à Charlotte met cette inconnue en émoi ? Comment se patinent nos récits de vie ? Je vous souhaite d'écouter vos légendes, elles ont la saveur de l'avenir.

Ceci n'est pas qu'une dolce vita. Je passe généralement l'été en Italie. Depuis des années maintenant, ma famille et moi sommes souvent sur la péninsule. Il serait facile de lier cette habitude à nos racines, à notre grand-mère italienne, aux mille saisons passées sur l'Adriatique par notre maman, mais je crois que l'héritage n'est pas la seule chose qui se joue ici. L'Italie propose une certaine vision de l'existence, une certaine idée de la sensualité qui dépasse de loin ses frontières, son régime politique et ses écueils sociaux. Si l'Italie plaît tant, plus encore en juillet et en août, c'est qu'elle est le théâtre d'une pièce que nous sommes nombreux à vouloir jouer. L'Italie cesse d'être un pays, pour devenir un concept. Du Nord au Sud, la lumière est irradiante, elle éblouit tout, l'eau, les toits, les terrasses, la chaleur écrase les perspectives, impose au corps une autre cadence. Dès l'aube, il faut être dehors, profiter des quelques heures d'une relative fraîcheur. Un café et un croissant, au comptoir, les habitués sont déjà là. La radio braille. Les générations se succèdent. La famille règne. Le très populaire côtoie la désuétude bourgeoise. Pizzas froides et bières chaudes sur la plage ou *vongole* sur nappes blanches. Qu'importe que le temps passe, puisqu'on peut transmettre et faire un pied de nez au cliché en se l'appropriant jusqu'à ce qu'il ne soit que douceur. Chemise violette à Milan, maillot léopard à Forte dei Marmi, parasols orange à Rimini. L'urgence est de prendre à bras-le-corps l'existence, d'habiter sa vie et de faire « bonne figure », c'est-à-dire d'être présentable quoi qu'il advienne. Finalement, inutile d'être Italien ou d'aller en Italie pour honorer cette ode à la fougue, à la résistance, à la croyance en des jours meilleurs. Elle est un appel à prendre soin de ce fragile véhicule qu'est notre vie, à tenir la promesse que quelque part, tout cela en vaut la peine. Je nous souhaite à tous une journée grandiose, une journée italienne.

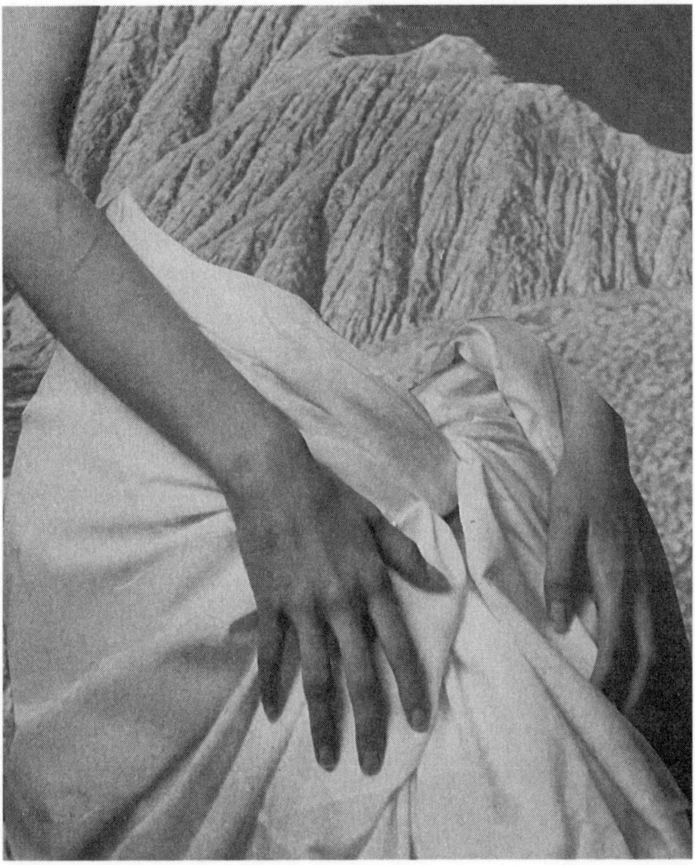

Automne

Ceci n'est pas une théorie. Le 21 septembre. Cela a fait trente ans que notre grand-mère est morte. La maman de ma maman. Morte un jour de fin d'été. Sur la Côte d'Azur. En quelques jours à peine, Céline est partie caresser la cime des palmiers. Elle a nargué le bleu du ciel en clôturant sa saison. J'étais un peu trop jeune, je crois, pour ressentir le manque charnel de sa personne, mais j'étais suffisamment grande pour saisir l'insaisissable de l'événement. Un coup de téléphone. Le combiné en plastique beige. Ma mère et mon frère se serrant dans les bras sur mon lit d'enfant. Leurs larmes tentant de recouvrir l'indicible. Et puis, l'agitation familiale. Mon père, mon autre grand-mère, ma tante, désemparés. L'inconcevable, l'impossible errance et le constat que la mort conduit les vivants à ne plus savoir où se mettre. Je ne crois pas aux déclics, ni aux grandes révélations, je préfère que les choses infusent, j'honore les chemins de traverse, les douces mutations. Mais il me semble tout de même que ce jour-là, j'ai découvert une chose avec laquelle je bataille depuis, le genre de choses qui réveillent et grondent : les gens qu'on aime meurent aussi. On a beau dire que c'est un cycle. On a beau savoir que tout a une fin. On a beau broder notre mémoire. On a beau faire comme si c'était normal. On a beau croire en d'autres possibles. Quoi qu'il arrive, on doit vivre en supportant cela. Alors sans doute est-ce également ce jour-là, sur le pas de la porte, en contemplant ma mère et mon frère, que j'ai fait une autre découverte, certainement triviale. C'est qu'il n'y a aucune réponse à ce vertige-là, si ce n'est d'aimer encore plus fort. Tant que le sang coule, gronde, tourbillonne, colère, palpite, défie. Ça ne protège de rien. Ce n'est ni une résolution, ni une philosophie. Et pourtant, c'est peut-être dans cette urgence que se dessine la vie. « Le sort de la bougie est de brûler. / Quand monte l'ultime volute de fumée, / Elle lance une invite en guise d'adieu : / "Entre deux feux sois celui qui éclaire !" » – François Cheng. Je vous souhaite une journée d'amour bruyant et de regards vers les palmiers qui nous protègent.

Ceci est la seule chose qui compte. « Non mais faut pas trop dire je t'aime, ça n'a plus de sens après ! » C'est quelque chose qu'on entend souvent et qu'on répète parfois, sans en prendre la mesure. Il s'agirait de ne pas trop dévoiler son amour, au risque d'user les mots et de les vider de leur contenu. Il serait de bon ton de conserver les déclarations pour les instants rares, suspendus, pour les lumières tamisées et les soirs d'émotions. Les « je t'aime », prononcés à la volée, tomberaient dans le piège d'une mécanique si bien huilée qu'on ne sait plus ce qu'ils désignent, qu'on ignore à quoi ils renvoient. Des syllabes tant mâchouillées qu'elles se dispersent dans le néant. Tout cela est sans doute juste. Le langage est un outil qui réclame sans cesse notre présence. Pour autant, faut-il se taire ? Le péril est-il bien là où l'on pense ? Dire « je t'aime » est peut-être un danger, mais qu'en est-il de la douleur de ne jamais l'entendre ? Qu'en est-il du désarroi lorsqu'on l'a dit trop tard ? Lorsqu'on n'a pas osé le prononcer, par pudeur, par timidité, par orgueil ? J'ai souvent l'impression de vivre sur un quai de gare, et d'être d'une minute à l'autre obligée de dire au revoir à ceux que j'aime, c'est épuisant comme sensation, mais cela force à une chose, c'est à ne jamais redouter de dire des mots d'amour avant que le train s'en aille. J'aime les « je t'aime ». Ceux que l'on murmure, que l'on chante, que l'on crie, que l'on dessine, que l'on ose. Les « je t'aime » flamboyants, les timides, les sauvages. Les « je t'aime » d'amoureux, de famille, d'amis, d'équipe. Les « je t'aime » qui s'incarnent, qui se montrent et se prouvent. Les « je t'aime » qui nous emmènent vers l'infini. Ce qui n'a plus de sens, c'est lorsqu'on tombe dans des abîmes d'indifférence. Alors je continuerai à les dire ces mots, à les user jusqu'à la corde, jusqu'à ce que le train s'en aille et que la lumière s'éteigne. « Si seulement on savait s'aimer autant que se fâcher, embellir autant qu'enlaidir, donner et prendre du plaisir, autant que donner et prendre des coups. Si seulement on savait s'aimer et se le dire. » – Zeruya Shalev. Je vous souhaite des mots d'amour.

Ceci est une apparition. L'autre jour, dans un salon du livre, une femme s'est approchée de mon stand. La cinquantaine, soignée, de longs cheveux blonds attachés avec une barrette en écaille et le teint sans artifice, clair et lumineux. Arrivée devant ma table, j'ai senti qu'elle avait quelque chose à dire, quelque chose d'important. J'ai souri, mais je l'ai laissée s'exprimer sans prononcer un mot. « Voilà, il y a un mois, j'ai quitté mon mari, ce matin j'ai vendu ma maison, et demain, je pars marcher. » Elle l'a formulé d'une traite sans chanceler, comme si elle faisait le poirier et que ses bras devaient tenir solidement le reste de son corps, avec une pleine confiance et une parfaite concentration. C'est très étrange lorsqu'on est autrice de voir apparaître son personnage devant soi. Cette femme était ma Pénélope, celle de mes livres. Certes la situation n'était pas la même, ni l'âge, ni le contexte, mais le socle, lui, était identique. J'ai écrit mes deux derniers romans avec comme ambition d'observer de près la thématique de la fuite, puis celle de la construction et le dialogue entre les deux. Qu'est-ce qui nous fait partir et qu'est-ce que l'on construit ensuite ? Alors j'ai demandé à ma Pénélope incarnée ce qui l'avait décidée, et de me décrire, non pas la somme d'éléments qui d'année en année avait accentué le décalage entre le vécu et le désir, mais plutôt l'élément déclencheur, la goutte d'eau qui a rendu absurde le vase. Pourquoi ce qui la veille était encore supportable ne l'était plus un matin ? Ma Pénélope a pris une grande respiration avant de répondre : « Parce que j'ai vu les miettes sur la table et que je n'ai pas eu envie de les ramasser. » J'ai d'abord souri de la trivialité du propos et pensé à ma maniaquerie. Et puis j'ai compris, derrière l'image, banale, clichée, vaine, ce qui se jouait dans ces miettes. Cette soudaine absence de ressource, cette impossibilité du geste, cet effort qui devient insurmontable et nous mène à la paralysie. Ce n'est pas un déclic, c'est un vide qui ne peut plus être rempli. Je souhaite à ma Pénélope une longue marche qui la mènera jusqu'à sa maison.

Ceci est une chance. On ne les souhaite à personne et pourtant c'est une précieuse faculté humaine, peut-être même l'une de nos ressources les plus puissantes, efficaces et apaisantes. Ce pouvoir, ce sont les larmes. Celles qui coulent toutes seules lorsqu'on est au bout de l'épuisement, celles au cinéma quand l'émotion dévore tout notre corps, celles du gros sanglot où l'on bafouille en reniflant, celles qui lavent le regard de toute sa mélancolie. Les larmes sont un cadeau que l'on s'octroie, la possibilité de ne pas se figer, mais de lâcher les vannes. L'opportunité de chialer, de geindre, de bramer, de gémir, d'être « autre » qu'une enveloppe anesthésiée, qu'un consommable docile et sage. Il y a du panache dans les larmes ; elles soutiennent l'élégance de l'échec, de la frustration, de la peine, elles font honneur au chagrin, à la douleur, à l'anxiété. Elles sont ce luxe, qui autorise à dire que « ça » compte, que c'est important, que c'est déchirant. L'Antiquité nous montre que les pleurs confèrent aux héros leur étoffe. Achille et Ulysse ont leurs larmes en commun. Ils sont pleins de tourments et de fêlures, et c'est cette faillibilité qui fait toute la teneur du véritable héros. Dans *Les Larmes d'Achille*, Hélène Monsacré insiste sur l'importance capitale des pleurs au sein des récits homériques, comme le processus qui montre l'importance du personnage : « Loin d'être un simple signe de faiblesse, pleurer, chez Homère, qualifie encore un peu plus le héros au maximum de sa vaillance. » Achille, icône de la démesure, pleure intensément, et fait de ce torrent salé l'incarnation de sa volonté guerrière. Ulysse, le voyageur, pleure surtout discrètement, en repli, balayé par la nostalgie. Impérieux besoin de se laisser traverser par ce qui vient. Pleurer n'est pas l'expression d'une vulnérabilité, c'est la marque d'une force. Un enjeu pour celui qui fait du réel et de ses méandres une terre d'exploration, un espace où l'on veut que quelque chose réussisse et se passe, le lieu de nos constructions, de nos projets, de nos ambitions, qui ne peuvent faire l'économie des larmes. Je vous souhaite une journée d'héroïsme au goût salé.

Ceci est une rhapsodie. Quelle est la dernière fois que vous avez reçu une déclaration d'amour ? Et la dernière fois que vous en avez envoyé une ? D'ailleurs, si l'on s'arrête un instant sur ce terme, qu'est-ce véritablement qu'une « déclaration d'amour » ? Est-ce une chose que l'on ne produit qu'une seule fois dans l'histoire commune juste pour dévoiler nos sentiments au cœur de l'autre ? Est-ce quelque chose que l'on produit pour obtenir en retour ? Un consentement, le « oui » d'une union, l'avancée d'une relation ? Est-ce un pacte implicite, une manière de faire patienter, quand la relation n'est pas libre ? Est-ce un feu à réaffirmer chaque jour ? Chaque mois ? Chaque année ? Est-ce que ça s'écrit sur un papier ? Par texto ? Par mail ? Est-ce que cela suppose une réponse obligatoire ? Est-ce que les déclarations sont éternelles et se fichent des ruptures qui les dénient ? Est-ce que le fait de déclarer est suffisant pour faire ? Je l'ignore. Je suis fascinée par l'expression de l'amour. Je n'ai de cesse de me demander quelle part ont les mots dans la relation amoureuse. Je crois que le langage de l'amour est un langage à part, hors du temps, et qu'il convoque une grammaire différente. C'est curieux d'observer l'importance du discours amoureux au début d'une liaison et à la fin. Dans les deux cas, souvent, on s'écrit frénétiquement. On guette les vibrations du téléphone, on est suspendu à ces odieuses indications : « lu à 17 h 23 », on suffoque en attente de la réponse, on rougit, on brûle, on tangue. Et ensuite ? Que se passe-t-il entre l'aube et le crépuscule ? Entre les palpitations et les larmes ? N'a-t-on plus rien à se dire ? Est-ce que la déclaration devient celle du quotidien comme dans cette chanson glaçante de Benjamin Biolay *Brandt Rhapsodie* ? « Je rêve de ta peau et de tes mains. Je ne pense qu'à toi, je bosse plus, je fous rien », et plus loin : « Le chat a gueulé toute la nuit dans l'escalier. S'il te plaît, en sortant, tu descendras la poubelle. Et pense à rappeler ta mère qui me harcèle. » Qu'avons-nous à nous dire ce matin ? Je vous souhaite d'interroger votre cœur et de déclarer ce qui doit l'être.

Ceci n'est pas lisse. Ce n'est pas grand-chose. Et d'ailleurs, bien souvent, il n'y a que nous qui l'avons remarqué. C'est un « merci » qui n'est jamais arrivé. Un commentaire maladroit. Un texto étrangement formulé. Une réflexion sur notre manière de faire. Ou même, une moquerie qui va un peu trop loin, alors qu'elle était censée amuser l'assemblée. Pourtant, même s'il s'agit bien d'une parole insignifiante, en l'entendant, nous nous sentons « froissé ». Il y a quelque chose de très pertinent dans cette formulation. Je crois d'ailleurs que parmi toutes les expressions qui désignent les émotions, c'est l'une de celles que je préfère. « Se sentir froissé », c'est être contrarié, légèrement offensé, comme si précisément quelque chose se contractait en nous, comme si un pincement venait saisir notre corps tout entier, jusqu'à contracter nos lèvres et notre front. La formule remonte au XVIIe siècle, et souvent, on considère qu'il s'agit d'une forme de susceptibilité. Car pourquoi « faire une histoire » d'un « trois fois rien » ? Pourquoi s'attarder et créer un pli supplémentaire dans un monde qui n'est que complexité ? Je l'ignore, mais peut-être parce que ces marques qu'on laisse faire sur le tissu de nos vies finissent par abîmer notre toile. Peut-être parce qu'à force de laisser passer, on fragilise le lien, on touche à nos fondations, celles qui lorsqu'elles sont solides permettent aux relations de grandir, de s'affirmer, de s'élever. Alors bien sûr, on peut se taire, mais on peut aussi décider de donner de la place à nos vexations, pour les attendrir, les dissoudre, les effacer. Celui qui est en face est capable de nous écouter, il mérite de bâtir un monde avec nous. Je vous souhaite de repasser ensemble.

Ceci est un cocon. L'une des paroles qui revient le plus souvent lorsque je parle de nos écoles, est cet étrange constat : « Mais quand même, en choyant autant les enfants, vous ne les préparez pas vraiment à la difficulté de la vie ! » Je souris par politesse autant que par exaspération. Je souris pour ne pas crier. « La difficulté de la vie », tout un programme éducatif ! Par crainte de l'enfant roi, il faudrait bousculer nos élèves. Rendre leur quotidien aride afin qu'ils ne pensent surtout pas que la vie sur terre est trop joyeuse, trop douce, trop enivrante, trop jolie. Notre mission serait de les endurcir, de les armer, de les entraîner au combat. Quelle curieuse vision… Et surtout, quelle souffrance se dissimule derrière un tel propos ? Alors, en guise de réponse je tente d'expliquer qu'au lieu de les préparer à la difficulté, nous les préparons à l'amour. Au laborieux amour de soi, des autres, des lendemains. Que nous posons un regard de confiance sur leur existence, et qu'il s'agit sans doute de la seule arme recevable. Avec un cœur ample et une confiance robuste, on est capable de tout. Il sera bien temps de supporter les déchirures, le goût métallique des larmes, les ouragans de peine, les torrents de trahison. Il sera bien temps de trouver la vie terne, violente et ravageuse. Nous voulons les faire grandir dans un autre monde. Celui où la douceur appelle la douceur. Où l'altérité est une chance. Où les possibles ne sont pas des chimères. Où l'humiliation n'est pas une option. Nous voulons les enrouler de tendresse et d'espérance. Les préparer au meilleur. Pour éviter le pire. Je vous souhaite une journée où les cris laissent place aux caresses.

Ceci est une quête. Ces temps-ci, je suis un peu tendue et je me pose de nombreuses questions sur la manière dont nous évoluons ensemble, sur nos rapports, sur ce que nous sommes capables de faire et d'engager, pour être en lien les uns avec les autres, et pas seulement pour satisfaire notre bonheur personnel. Et forcément, lorsqu'on a l'opportunité, comme moi, de fréquenter des enfants quotidiennement, c'est encore plus fascinant, ou peut-être encore plus vertigineux : que pouvons-nous leur donner pour qu'ils parviennent à devenir des êtres épanouis, nuancés, mesurés, aptes à coopérer ? Pardonnez-moi l'expression, mais comment faire en sorte qu'ils ne deviennent pas des « gros cons ordinaires » ? De ceux que l'on croise chaque jour, et qui, par la médiocrité de leurs remarques et leur égoïsme, nous donnent envie de quitter cette civilisation à la dérive ? Je me pose la question et je peine à répondre. Il y a un terme en espagnol, utilisé en particulier par les familles mexicaines, afin de décrire les enfants prenant plaisir à aider, sans qu'on leur demande. On appelle ça être *acomedido*. Dans son ouvrage *Chasseur, cueilleur, parent*, la journaliste Michaeleen Doucleff définit parfaitement le terme : « Il ne s'agit pas seulement d'accomplir une tâche ou une corvée parce qu'on vous a dit de le faire, ou parce qu'on vous récompense, mais de savoir quelle est l'aide appropriée à un moment donné, parce que vous êtes attentif. » C'est donc parce qu'ils prêtent attention à leur environnement réel, à ce qu'il se passe autour d'eux, que ces enfants parviennent à reconnaître quand une tâche précise doit être effectuée. « Être attentif », un Graal, qui se conquiert dès l'enfance, qui se travaille, auquel on s'entraîne. « Être attentif » suppose de sortir de soi, d'observer, de ne pas attendre de l'autre mais de prendre le temps de le comprendre, et d'en saisir les besoins. En lisant ces mots, je me suis dit que tout cela n'était pas qu'une question d'éducation, ni même de transmission, mais bien un enjeu de société, et peut-être de civilisation. Moi aussi je veux être acomedida. Ou du moins tenter. Je vous souhaite de soigner votre attention.

Ceci est une urgence. Récemment, j'ai fait un atelier philosophie avec les enfants de primaire. Le sujet choisi était « obéir et désobéir ». Les premières minutes, les échanges ont mis en lumière une évidence : « Lorsqu'on est petit, on reçoit beaucoup d'ordres. Toute la journée, on nous dit ce qu'on doit faire. "Va au lit. Éteins la lumière. Laisse pas traîner ton sac dans le salon", ça n'arrête jamais. » Mais au lieu d'afficher leur frustration, j'ai été assez amusée de constater qu'une singulière forme de sagesse prenait le dessus. D'un commun accord, tous percevaient les « ordres » de leurs parents ou de leurs éducateurs comme une sorte de « mode d'emploi » du monde. Des recommandations répétées ayant pour seul but de ne pas les mettre en danger. Obéir était à leurs yeux une protection, un rempart, et c'est la raison pour laquelle les adultes aussi recevaient des ordres : « Bah oui maman ne peut pas griller le feu rouge. Et mon cousin ne peut pas mettre la musique après minuit. » Nos mœurs sont régies par l'ambition d'une harmonie et il n'y a pas d'âge pour en prendre conscience. Pour vivre le plus en paix possible, éviter l'arbitraire et la violence, engendrés par la domination d'un groupe ou d'un individu imposant sa volonté en matière de justice, les hommes ont besoin de lois. C'est ainsi que nous résistons au chaos du monde. Et pourtant, avant même que je puisse m'en apercevoir, la discussion a pris soudain un autre tournant. Que faire des ordres avec lesquels nous ne sommes pas d'accord ? Que faire des ordres qui appellent à la tricherie, à la brutalité, à la mise en péril ? Que faire des ordres auxquels on cède par peur ou sous le joug de la menace ? « Un jour, un copain m'a obligé à arroser mon chat d'amour alors qu'il dormait profondément. Je l'ai fait parce que je flippais qu'il ne vienne plus chez moi. Mais je me suis senti trop mal. » Et voilà comment se construit l'histoire de nos sociétés lorsqu'on remplace par « les chats d'amour » toutes les autres formes de soumission forcée. En écoutant ce récit, mes yeux ont du mal à cacher mon émotion. Je nous souhaite d'apprendre à cette génération la juste désobéissance.

Ceci n'est pas la fashion week. En débardeur. En mini-short. En brassière. En jogging Lacoste. En sweat de métalleux. En trench doublé. En Dr. Martens vegan. En *normcore*. En *cropped top*. En legging à paillettes. En survêt Tacchini. En uniforme. En jean troué ou en maillot de basket. Qu'importe la tenue pourvu qu'il y ait la tête. J'enseigne depuis plus de dix ans maintenant et la seule indécence que je connaisse est celle qui oublie que l'exigence est l'unique habit sur lequel nous devrions nous entendre. Les codes s'apprennent et se détournent. Les modes passent et s'ironisent. Mais ce qui perdure, ce qui fait grandir, ce qui nous enracine et allonge notre colonne vertébrale, c'est cette histoire de la pensée qui nous précède et qui nous survivra. Ma pratique consiste à montrer l'urgence qu'il y a à lire Kant, Nietzsche et Spinoza. Et à démontrer pourquoi raisonner rend libre.

Alors comment comprendre que la taille d'un tee-shirt anime plus que la disparition du grec et du latin ? Comment admettre qu'un vêtement nous conduise à dépenser tant de salive, alors que c'est un silence que l'on oppose à la diminution des heures d'enseignement d'histoire ? Quel risque derrière cette chair adolescente ? Quel inconcevable sexisme doit-on encore supporter ? Le savoir permet précisément de faire face aux contextes, d'en comprendre les enjeux, d'en bousculer les conventions stériles, et de se sentir à une juste place quel que soit le lieu. Je n'ai d'autre ambition que d'apprendre à mes élèves à respecter quand il le faut et à désobéir quand on le doit. Le reste est anecdote. À toutes les jeunes filles qui illuminent mes classes, je vous souhaite simplement un costume à votre hauteur.

Ceci est une construction sociale. Combien de fois sans même nous en apercevoir assignons-nous des rôles aux enfants ? La sociologue Elizabeth Sweet a analysé plus de sept mille trois cents jouets proposés, depuis un siècle, dans les catalogues de la chaîne américaine de magasins Sears. L'étude lui a donné l'occasion de constater la valorisation de rôles dits traditionnels, tels que « la petite ménagère » ou le « jeune bricoleur » avant de se transformer en « princesse » et « chevalier » dans les années 1980. Cibler les jouets selon le genre a des conséquences autres qu'une révolte bobo. Une étude de 2015 a ainsi révélé que les garçons ont plus de probabilités que les filles de jouer à des jeux qui développent leur intelligence spatiale (construction, puzzles, Lego). On leur propose des activités de concentration et d'adresse alors qu'à l'inverse, la gamme Lego Friends, qui vise les filles, se centre sur le jeu de rôle, et non sur la construction. De la même manière, selon une étude réalisée en 2012 par Susan Levine, professeure d'éducation et de psychologie à l'université de Chicago, les garçons ont accès à des puzzles plus complexes et obtiennent ainsi des encouragements de leurs parents qui sont plus susceptibles d'utiliser des mots favorisant la pensée spatiale (grand, bord, haut et bas). Ces distinctions peuvent façonner la construction sociale de ces enfants car les compétences spatiales sont une partie de l'explication de la sous-représentation des femmes dans la science et la technologie. Sans même parler de la confiance en soi et de l'enfermement dans des schémas préétablis. Déconstruire notre regard, c'est simplement ouvrir un champ de possibles aux futures générations. Leur laisser l'amplitude d'être ce qu'elles veulent être. Je vous souhaite d'être ce que vous souhaitez.

Ceci est une limite à fixer. Je nage au quotidien dans un curieux océan : celui de la parentalité. Chaque jour, je vois des parents, de tout âge, de tous horizons, répondant à de multiples modalités et naviguant à travers des modèles familiaux sans cesse renouvelés. Mais dans cette fascinante inventivité et diversité, un fil conducteur demeure, plus ou moins implicite, plus ou moins conscientisé : celui du sacrifice et de la culpabilité. Est-ce qu'éduquer suppose de payer cette irrémédiable dette ? Est-ce qu'être responsable impose nécessairement le goût amer des renoncements ? Est-ce qu'aimer, c'est toujours un peu s'oublier ? Sans doute. S'occuper d'autrui, qu'il s'agisse d'enfants, de proches ou d'aidés, engage tout notre être. Nous nous décentrons dans l'urgence du soin, dans l'importance de la demande, dans l'exigence du faire. Et c'est tant mieux, car c'est ainsi que nous quittons l'égoïsme pour connaître la puissance de l'altruisme. Cependant, je crois que de temps à autre, ce « sens du sacrifice » devient toxique et préjudiciable pour tous les membres. L'acte de sacrifier est certes la magnifique action de « rendre sacré », mais cela passe aussi par le fait de détruire une partie en vue d'un objectif global jugé plus important. Avons-nous envie de nous détruire ? De détruire notre santé physique et mentale ? De détruire nos couples ? De détruire nos capacités cognitives ? Pensons-nous que c'est un cadeau à faire à nos enfants ? Sommes-nous convaincus que la souffrance et la négation de soi sont des valeurs à leur transmettre ? Encore une fois, il ne s'agit pas de renier les incroyables vertus de l'engagement, du dépassement, de l'effort. Sortir de notre individualisme est indispensable à notre survie ; en revanche, je crois au juste milieu et à la cohérence. Je crois aux limites à fixer et à exprimer. Je crois à la demande d'aide. Je crois aux relais. Tendons-nous la main, ne laissons pas les aidants, et les parents, dans leur détresse fragilisante. À tous ceux qui prennent soin : n'oubliez pas de prendre soin de vous ; ce n'est pas une parole en l'air, c'est la clé de notre équilibre collectif. Je vous souhaite une journée de répit.

Ceci n'est pas un châtiment. Il y a quelques années, j'assistais à un cours de yoga. Comme souvent au début des séances, l'instructrice a demandé si certains des participants ressentaient une quelconque problématique physique, importante à mentionner. Un homme d'environ mon âge a levé la main, afin de décrire une douleur « bloquant » son genou. Mais le plus singulier dans cette histoire fut sans doute la suite de la conversation. Car à la question d'après, à savoir : « Depuis combien de temps souffrez-vous ? », il répondit laconiquement, sans posture, avec une résignation discrète, et parfaitement normale : « À peu près quinze ans. » Cette scène est venue me cueillir au plus profond de mes constructions mentales. Comment fait-on pour normaliser pendant près de quinze années une douleur, ici en l'occurrence, parfaitement atténuable ? Et surtout, comment faisons-nous tous, à différentes échelles et selon divers récits, pour nous habituer si aisément à la souffrance ? Pourquoi trouvons-nous tout à fait évident de souffrir en amour, de souffrir au travail, de souffrir en famille, de souffrir du dos en voiture, de souffrir à l'accouchement, de souffrir à l'école, de souffrir avec l'âge, etc. ? Entendons-nous bien, je n'enjolive pas nos existences, bien au contraire. Je mesure dans ma chair le poids de drames, des accidents, des pertes, des maladies et des déchirements. Je dois même avouer que je passe une partie de mon temps à considérer cet insensé que la vie nous oblige parfois à affronter. Mais au-delà de ces cas de figure, pourquoi acceptons-nous autant de peine ? Est-ce une fatalité culturelle ? Un schéma éducatif ? Est-ce l'idée qu'il faut mériter sa place au soleil, au paradis, en terrasse ? Je ne dispose pas de réponse à ces interrogations, mais elles ne cessent de m'interpeller. J'aime profondément l'effort et la discipline, je suis une fervente partisane du cadre et de la rigueur, mais en revanche, je n'ai aucune fascination pour la douleur, qui ne nous rend ni meilleur, ni plus fort. Alors peut-être est-il temps de se demander : comment améliorer les choses ? Je vous souhaite des genoux en bonne santé.

Ceci est universel. C'est souvent épuisant et paralysant d'être directrice d'école. C'est sans cesse redouter son téléphone, imaginer le pire pour faire vivre le meilleur. C'est se coucher chaque soir avec l'impression que ce n'est pas assez. C'est négocier en permanence avec la théorie fantasmée et la réalité imposée. Bref, c'est un drôle de chemin, mais dans ces montagnes russes, il y a le luxe indescriptible d'être chaque jour avec des enfants, et surtout, d'entendre leurs conversations. Hier par exemple, j'ai surpris une discussion entre deux élèves âgés de quatre ans. L'une exprimait son désarroi face à l'autre : « Mais tu ne m'as pas partagé ton dessin papillon, alors qu'on est ami et que j'adore les papillons. » Elle était vraiment choquée, outrée, et elle avait besoin de le dire. Ce n'était pas un caprice, mais bien de la peine, teintée de colère. Bien sûr, une histoire de papillons peut sembler superficielle, mais sa détresse je crois dépassait de loin une histoire de dessins. Je l'écrivais il y a peu : qu'est-ce qui génère plus de colère, de rage et de frustration que l'injustice, que le sentiment insupportable d'avoir été déconsidéré ? L'enfance est le berceau de nos comptabilités, le lieu originel de nos ressentiments. Souvent, on nous incite à les balayer, à les mettre de côté, mais aussi futiles puissent paraître nos mécontentements, il s'y joue pourtant quelque chose de fondamental : notre confiance en l'harmonie du monde. Les habitants de l'atoll d'Ifaluk, dans le Pacifique, l'ont bien compris et utilisent un terme pour traduire la juste indignation. Le mot *song* désigne la colère spécifique qui envahit des individus quand quelqu'un bafoue les règles de partage en vigueur dans la communauté. Si quelqu'un fait un gâteau sans en proposer aux autres, les personnes qui s'estiment lésées n'ont pas à dissimuler leur consternation. Au contraire, leur colère est un rappel à l'ordre, un tremplin pour réancrer l'importance de la coopération et le principe de dépendance mutuelle. *Song* est un refrain qu'il serait certainement précieux de chanter plus souvent. Je souhaite à cette petite fille de toujours savoir exprimer son *song*.

Ceci est une règle d'or. « Tu te fous de moi ou quoi ? » Le tonnerre gronde. C'est agaçant, un désaccord qui, à l'instant même où on le vit, nous semble insurmontable. Le cœur palpite, le ton devient vengeur, les yeux brandissent des malédictions. L'ego se cabre. La peine nous chavire. La rage et le chagrin achèvent de détruire les vestiges de notre conversation. L'équilibre précaire de nos liens se brise sous le joug de nos rancœurs. On est à deux doigts de casser des assiettes. Ce n'est pas concevable que l'autre agisse ainsi, qu'il n'entende pas, ne reconnaisse pas, ne conçoive pas. Ce n'est pas acceptable qu'il soit si étranger à nous-même. Combien de fois nous sommes-nous disputé dans notre vie ? La dispute rompt les codes de ce qu'Habermas nomme « l'éthique de la discussion ». La colère, le ressentiment, la déception, nous submergent. On ne parvient pas à adopter un autre point de vue, à aboutir à une entente, ni à garantir l'honnêteté de nos énoncés. Car en réalité, dans une dispute, nous ne faisons que défendre notre territoire, nous nous figeons dans un présent révoltant, dans une irritation reine. Nous cédons tous à ces instants de chaos qui traduisent, même maladroitement, notre peine, notre fatigue, notre peur ou le dysfonctionnement d'un système. Qu'est-ce qui se joue dans cette tempête, dans ce déferlement ? Pourquoi cela nous atteint autant ? Tant d'enjeux s'emmêlent. Mais avant de s'atteler à les démêler, que faire ? Il demeure peut-être une ultime règle à laquelle se tenir, comme un accord tacite, une de ces lois sacrées que l'on respectait enfant, un de ces pactes qui nous fondent : celle de ne jamais se quitter fâchés, du moins avec ceux qui comptent, avec ceux qui comptent vraiment. Car on ne sait pas ce que l'existence nous réserve, et avouons-le, un « je t'emmerde », aussi sincère soit-il, n'a pas le panache du point final. Ce n'est pas un pardon naïf, ce n'est pas une méthode vide de sens, c'est le rappel que l'existence est un basculement et qu'aucune dispute ne mérite nos regrets déchirants. Je vous souhaite de traverser les ouragans et de savoir apprécier, ensemble, le ciel redevenu clair.

Ceci n'est pas fermé. « Mais attends je lui réponds quoi ? » Je me demande combien de temps j'ai passé dans ma vie à interpréter des mails et des textos. Ceux que j'ai reçus mais aussi ceux des autres.

Combien de soirées à décortiquer des échanges, à analyser les termes, à tenter de deviner l'intonation dissimulée derrière chaque syllabe ? Qu'il s'agisse de missives amoureuses ou de courriers professionnels, avouons que la clarté n'est pas toujours de ce monde, et lire un message, c'est avant tout l'interpréter. Or, on entend souvent cette idée curieuse selon laquelle « l'interprétation serait dangereuse ». Qu'il faudrait se contenter de saisir un sens premier, transparent, littéral. Qu'il faudrait se tenir à distance pour éviter les contresens. Est-ce possible ? Mais surtout, est-ce souhaitable ? Que se passe-t-il lorsque les mots parviennent à nos yeux, à nos oreilles, à notre cœur ? On interprète. On explore. On tente de comprendre ce qu'il se passe en nous. On chemine à travers des hypothèses. À l'aveugle. Pleinement attentif. Concentré sur les différentes possibilités. « Ça va si j'envoie ça ? Vraiment ? » On renonce au « je pense donc je suis », pour n'être qu'un « j'interprète donc je deviens ». Toute la tradition philosophique, littéraire, théologique, repose sur ces tentatives. Chaque individu propose un regard, selon son état du moment. La sensualité de la rencontre, qu'il s'agisse d'une rencontre avec un texte ou avec un individu, vient aussi de notre capacité à le découvrir à tâtons, en l'effleurant, en préservant son mystère, en lui laissant la liberté de ses multiples sens. Alors bien sûr, parfois ça prête à confusion, on se plante, on enrage, on répond à côté, on est déçu ou l'on rougit. Mais je ne crois pas que respecter l'autre consiste à prendre ses propos au premier degré. Au contraire, j'ai l'espoir que nos relations soient des espaces ouverts et intrigants. Des espaces où l'imagination puisse chaque jour nous porter vers la découverte et l'émerveillement. « Tu crois que j'ai bien compris ? » Je l'ignore, mais je vous souhaite une journée d'aventures interprétatives.

Ceci n'est pas une stratégie. Combien de fois nous sentons-nous moins cultivé que les autres ? Combien de fois admirons-nous l'éloquence et les références d'autrui ? On écarquille les yeux devant la prestance, on imagine qu'il navigue dans un univers de certitudes, que chez lui, tout est fluide, que les interstices sont lumineux, et que chaque fragment de son quotidien est plus habile, plus élégant que le nôtre. On enrage de ne pas avoir réponse à tout, ou on se lance dans une compétition absurde. On affirme. On s'appuie sur ce qu'on croit être un socle. À peine la phrase de l'autre terminée, on se précipite vers un « moi je pense que » ou un « moi je sais que ». Que cherche-t-on ? Il y a, au cœur de la philosophie de Socrate, une phrase tant de fois répétée qu'elle est presque polie par le cliché. Mais comme souvent, malgré les déformations et les usages détournés, elle contient une précieuse proposition : « Je sais que je ne sais rien. » Pour Socrate, la reconnaissance de notre ignorance est peut-être l'attitude la plus juste à adopter, car loin d'être une honte, elle est la clé, non seulement de notre curiosité, mais aussi de nos apprentissages à venir. Lorsqu'on est persuadé de savoir quelque chose, on abandonne notre précieuse posture de recherche pour ne plus percevoir le monde qu'à travers nos croyances. Or, les convictions, en nous figeant, limitent notre accès au savoir et renforcent notre aveuglement ; elles produisent donc l'effet inverse de celui escompté. Le savant qui croit tout connaître, autant que l'ignorant qui nie avoir des lacunes, s'enlisent l'un et l'autre dans le marasme d'une grotte obscure. Alors plutôt que de se complaire dans une prétention stérile ou de s'effondrer face à nos défaillances, osons l'ignorance grandiose. Osons apprendre des choses inconnues. Osons ne pas prétendre à la vérité. Avouer nos lacunes nous entraîne vers l'apprentissage, vers des questionnements, des ajustements, des tâtonnements, et au bout du compte, vers l'amplitude de l'érudition. Qui construit sans posture. Qui avance sans suffisance. Je vous souhaite une journée d'inculture à combler et de curiosité à chérir.

Ceci est une voix. Je n'ai pas tellement le moral. Je ressens même un abattement inhabituel chez moi. Faut-il le combattre ? Faut-il le transformer en un autre élan ? Sans doute. Mais avant tout, je crois que dès que quelque chose nous traverse, c'est aussi une invitation à s'arrêter pour mieux comprendre. Qu'est-ce qui est coincé là, juste là, au travers de cette gorge qui se débat ? Quels sont ces mots qui brûlent notre langue ? Qu'est-ce qui nous maintient dans cette nuit silencieuse ? Philosopher, ce n'est pas seulement penser, c'est aussi « oser dire ». C'est l'exigence de la parole qui se libère. L'enjeu n'est pas de dénoncer, encore moins de provoquer. Mais plutôt de permettre à nos dires d'aller à l'encontre de l'opinion, du conformisme, de la simplicité, des craintes, des clichés, des habitudes, de l'individualisme fou. De tout ce qui nous enferme. Philosopher, c'est « oser dire » face au silence, face aux mensonges, face aux tabous, face à la pudeur, face à la médiocrité. François Jullien, spécialiste de la pensée grecque et asiatique, nous rappelle que le philosophe est celui qui a l'insolence du verbe : « Philosopher, c'est parler. Et parler, c'est dire. Il n'y a pas de philosophie silencieuse. Le sage affronte l'exigence de parler pour dire quelque chose. » Philosophes, nous le sommes tous, dès lors que notre langage cesse d'être bavardage, répétition, jugement, nombrilisme, pour porter au plus haut point cette parole qui a « quelque chose à dire », et qui ose dire ce qui n'a jamais été dit. Elle existe en chacun de nous. Je vous l'assure. Ce n'est pas une parole qui méprise ou colporte, mais c'est celle qui contient notre âme. Enjambons nos réticences, plongeons dans les vagues qui agitent nos profondeurs. N'ayons pas peur de ce qui ressortira sur le rivage. Un mot d'amour, de souffrance, de désaccord, un souvenir, un besoin, une envie, une conviction, un rêve. Honorons le dire. Celui qui nous confirme, qui nous aligne. Celui qui, d'un timbre calme et clair, nous illumine. Celui, surtout, qui réapprend à dialoguer. Je vous souhaite une journée de paroles et surtout de contenu.

Ceci n'est pas en béton armé. Récemment, j'ai eu l'occasion de faire une intervention sur la question de l'estime de soi et sur notre difficulté à nous attribuer une valeur positive. Pour ma part, c'est un combat de longue haleine, je suis donc assez bien placée pour percevoir la perversité des mécanismes. Septembre 2007, j'ai déjà une licence de philosophie, mais je n'ose pas m'inscrire en master d'épistémologie, paralysée à l'idée d'étudier des matières plus scientifiques, en particulier la logique. Tout le monde autour de moi me semble plus intelligent, plus travailleur et plus doué. Je trouve leur argumentation remarquable, autant que leur culture. J'ai beau constater mes notes, j'ai beau rationnellement connaître mes capacités d'analyse, mon esprit bute sur un impossible. Je ne « m'estime pas assez » pour viser un tel parcours. Nous sommes nombreux dans ce cas. C'est assez prodigieux le nombre de choses que nous nous interdisons parce que nous croyons que cette foutue « valeur » nous fait défaut. C'est un tee-shirt qu'on n'ose pas porter par crainte du ridicule. C'est un amoureux qu'on laisse parce qu'il est trop bien pour nous. C'est une réunion où l'on permet aux autres de briller sans jamais prendre la parole. Nos journées s'articulent autour de barrières, créées uniquement par notre cerveau. Ce sont des dialogues internes que l'on nomme « croyances limitantes » et dont l'impact sur nos vies mérite que l'on s'y arrête. Car à force de mettre des remparts, on étouffe, on se cogne à nos murs, et nos bleus sont plus douloureux qu'un possible échec. C'est à cause de ces plafonds que nos vies ne sont pas les nôtres, que les frustrations surgissent et que les aigreurs naissent dans notre ventre. Décortiquer nos croyances, c'est conférer à nos existences la valeur qu'elles méritent. Que nous méritons absolument tous. Cette année-là, j'ai fini par m'inscrire en master, et à chaque fois que je me dévalorise, je repense à ce mois de septembre qui m'a menée jusque-là. « Le vent se lève, il faut tenter de vivre. » – Paul Valéry. Je vous souhaite de repousser les murs et de vous rappeler que vous êtes un trésor inestimable.

Ceci est une révélation. L'autre jour, en écoutant un podcast au sujet de la prise de décision, je me suis interrogée sur la place de l'intuition dans notre quotidien. Le terme « intuition » vient du latin *intuitere*, qui signifie « voir ». L'intuition désigne donc ce qu'on « voit tout de suite », la connaissance immédiate, l'évidence, le truc qui fait qu'on est sûr et certain. En philosophie, ce terme est central, notamment dans la théorie de la connaissance de Descartes. La première règle de sa méthode est qu'il faut fonder tout savoir sur une évidence première, connue par intuition. C'est par exemple « par intuition » que nous est donnée la certitude qu'on existe. Chez Kant, l'intuition concerne l'espace et le temps, qu'on connaît d'emblée. Et pour Bergson, l'intuition est ce qui nous permet d'accéder à la dimension spirituelle du réel, qui n'est pas scientifique, pas mesurable. En se promenant à travers ces différentes pensées, on admet facilement l'importance de l'intuition. Elle est comme une passerelle précieuse sur laquelle on avance, certain de ne pas flancher. Pourtant, même si ces connaissances intuitives sont des piliers, il semble délicat de nier tous les autres moments où notre intuition, contrairement à ce que l'on retient souvent, n'a pas été la bonne. Tous les moments où l'on s'est fié au premier regard, où l'on a foncé au lieu de prendre le temps de comprendre et d'analyser. Alors plutôt que de tomber dans un stérile pour ou contre, peut-être faut-il se rappeler que l'intuition est aussi une re-connaissance. Notre intuition est d'autant plus pertinente que nous sommes compétent dans le domaine où elle surgit. J'ai des intuitions dans l'éducation, car c'est mon terreau et le cœur même de mes apprentissages. En revanche, j'ai des intuitions plutôt fumeuses en ce qui concerne la finance dont je ne maîtrise pas les outils. Ne cherchons pas à opposer la rationalité et l'intuition : elles fonctionnent ensemble. Écoutons nos savoirs qui nous donnent de l'aisance et nous permettent de nous élancer avec justesse et confiance dans la vie. Je vous souhaite de vous laisser guider par vos réminiscences.

Ceci n'est pas un gouffre. C'est curieux comme certains matins, le ciel est plus bas que d'autres. Une inquiétude obsédante, un tourment décourageant, une discussion en suspens, un message qui n'est pas venu, une lassitude au creux du cœur, une douleur dans le corps... Vastes et multiples sont les causes qui alourdissent nos épaules. Et qu'importe la source, le poids est identique. Soudain, notre monde revêt la couleur de l'insoluble. Nous nous sentons vulnérable. Au-delà de nos images, des projections que nous livrons aux autres, au-delà de la puissance dont nous sommes pourtant capable, cet état d'abandon nous submerge. Nous n'avons plus de ressources dans lesquelles puiser. Le terme de « vulnérabilité » vient du latin *vulnus* qui signifie « blessure ». Nous sommes à cet instant des animaux blessés, mis à terre. Et il est rare de pouvoir se soigner seul. La vulnérabilité définit un des éléments majeurs de notre condition humaine.

Chacun d'entre nous dépend des autres physiquement et psychiquement. Pour nous développer, nous avons besoin de soin, d'affection, d'aide, d'encouragements, de reconnaissance. Bien souvent, il suffira d'un mot, d'un geste, d'un sourire, d'un silence généreux, pour que se dissipent les ombres. Parfois, il faudra peut-être accepter un peu plus de renfort, pour que ce virage soit négocié avec souplesse. Mais si nous attendons de l'autre qu'il prenne la mesure de son rôle, encore faut-il être capable de lui montrer ce frémissement, de dire cet éreintement de l'âme, sans redouter qu'il devienne l'objet d'une domination à venir. Cesser d'y voir une honte ou une défaite. La vulnérabilité est universelle. La fuir est se contraindre à être encore plus abîmé. L'exprimer est l'issue pour la dépasser. Chez le philosophe Emmanuel Levinas, c'est grâce à elle que les hommes peuvent redéfinir leur rapport réciproque et leur relation aux autres espèces : « Tout se passe comme si l'expérience de la vulnérabilité révélait à l'homme le sens de sa responsabilité. » Qu'importe que le ciel soit bas, si on l'éclaire ensemble. Je vous souhaite une journée où les blessures se soignent à la force du lien.

Ceci n'est pas un labeur. Il y a peu, je me suis réveillée en me disant que j'adorais les gens avec qui je travaillais. Alors certes cette pensée est sans doute un peu étrange un matin, à l'aube, mais elle a sincèrement habité chacune de mes cellules. Car c'est une réalité, j'aime les personnes avec qui je travaille, mais je crois que le terme « travailler » n'est pas tout à fait juste. Il y a une distinction conceptuelle, qu'on trouve chez Hannah Arendt, et qui m'a toujours beaucoup marquée, c'est celle entre le travail et l'œuvre. Nous travaillons pour vivre. Le travailleur est celui dont la vie s'épuise dans l'activité destinée à la gagner. Nous rêvons de week-ends, de vacances, de repos, parce que nous avons souvent l'impression que nous travaillons tellement qu'il n'y a plus de place pour vivre. Or l'existence humaine, nous explique Arendt, ne peut pas se réduire à celle de l'*animal laborans*, l'animal laborieux ; si c'est le cas, elle devient insensée et on perd pied. Voilà pourquoi les conditions et le temps de travail sont des enjeux majeurs. Mais pour éviter ce gouffre, il y a l'autre versant, il y a l'œuvre. Faire, c'est œuvrer, c'est fabriquer quelque chose, et de cette façon, c'est participer à l'édification d'un monde commun. Les œuvres durent, elles ne se consomment pas. Œuvrer, c'est comprendre ce que font nos mains, où nous mènent nos gestes. Nous sommes des *homo faber*, des hommes artisans, nous appartenons à ce monde en faisant. L'œuvre dépasse le travail et intègre tous ceux qui en apparence ne « travaillent » pas. Nous faisons en préparant un repas, nous faisons en prenant soin, nous faisons en caressant, nous faisons en arrosant nos plantes, nous faisons en fabriquant, nous faisons en donnant la main, nous faisons en dessinant, en jardinant, en écrivant. La liste est longue. L'« œuvre » n'est pas un terme prétentieux, au contraire, il est humble. Les femmes avec qui j'œuvre m'apprennent chaque jour à appartenir à ce monde autrement qu'en l'usant, mais bien en l'aimant. Je vous souhaite une journée d'œuvre et de lumière.

Ceci n'est pas une supercherie. Récemment, je me suis demandé si un jour j'en finirais avec ce fichu syndrome de l'imposteur. Si un jour, j'arrêterais de me liquéfier en pensant que peut-être je vais avoir une mauvaise note, que je vais décevoir, qu'on va démasquer mes défaillances, qu'on va révéler mon inculture, que tout va s'interrompre et que mes réussites sont en fait des écueils. D'aussi loin que je m'en souvienne, j'ai toujours été remplie par ce lac stagnant, par ce curieux sentiment de ne pas faire assez, de n'être pas assez et surtout, de ne pas vraiment mériter. Et je crois que nous sommes des milliers comme cela. À ne pas savoir quoi faire d'un compliment, à douter de chacun de nos projets, à faire demi-tour pour éviter de nous confronter, à être terrorisés à la perspective de ne pas être reconduit, à travailler sans relâche pour tenter de rattraper les autres, et j'en passe. Mais à force d'observer ces mécanismes, on parvient tout de même à les apprivoiser. Le fait est que si l'on commence à s'interroger sur sa « valeur » intrinsèque, on plonge dans un gouffre infini. Il y a des centaines d'individus sur cette terre qui écrivent mieux que moi, qui sont plus experts en philosophie, qui montent des projets plus pertinents, qui élaborent des systèmes plus rigoureux. C'est une évidence, et tant qu'on se situera sur un plan individualiste, on établira des comparaisons, on mesurera des performances, et on fera de la compétition une norme face à laquelle pour être heureux, il faut être le meilleur, le plus intelligent, le plus diplômé, le plus admiré. Mais au fond, lorsqu'on change de prisme, lorsqu'on pense équipe, lorsqu'on pense action, on s'aperçoit que tout ça n'a vraiment aucune importance. Hier, j'étais dans le bureau avec des femmes faisant toutes des choses différentes et remarquables et qui, dans le bordel du quotidien, donnaient vie à des centaines de milliers de gestes aussi mobiles qu'imparfaits, aussi beaux que nécessaires. Je me suis dit que les mains dans le cambouis n'étaient jamais une imposture. Hier, mon lac stagnant était pris dans la beauté des vagues. Je vous souhaite de remplacer le doute par du mouvement.

Ceci est une assurance. C'est drôle comme on peut facilement devenir exaspérant. À peine prononcés, les mots se retrouvent sur un terrain glissant et échappent à nos intentions. Il y a quelques jours, dans le flot d'une conversation animée, je me suis entendue articuler ces quelques termes qui, ajoutés les uns aux autres, ressemblent à une formule consacrée : « Peut-être faut-il que tu prennes un peu de recul. » Certes, il n'y avait là rien de choquant, un encouragement banal pour quelqu'un qui croit, comme moi, que s'extraire de la foule permet de mieux respirer. Et pourtant, à cet instant, je me suis trouvée détestable et creuse. C'était si facile à dire. Le genre de cliché dont on habille nos lèvres lorsqu'on ne sait plus quoi affirmer. Car pour prendre du recul, encore faut-il avoir de l'espace derrière soi, ne pas être acculé, oppressé, broyé par une situation qui réduit tout autour de nous. J'ai eu honte de ma maladresse. Honte de constater que face à la détresse, la pertinence se dissout et qu'il ne reste plus rien qu'un dialogue superficiel, permettant simplement de reprendre le confort de ma vie avec bonne conscience. Combien de fois avons-nous énoncé des poncifs pour choyer nos certitudes ? Alors le lendemain, au lieu d'une envolée lyrique, je me suis contentée d'un texto : « De quoi as-tu besoin ? » Rien d'héroïque. Mais du nécessaire. Des bras, du temps, de l'argent, du réseau, de l'amour, une garde d'enfant, un trajet, etc. Qu'importe, tant qu'il s'agit de dégager les arrières et de les assurer. Peut-être est-ce ici que se niche mon intention pour les mois à venir. Être capable de me taire afin de tendre vers une présence, qui se dispense des parades de mon ego. Je vous souhaite une journée de soutien sincère.

Ceci est une espérance. Il y a une chose que je faisais beaucoup lorsque j'étais à l'Université, c'est rédiger des lettres de motivation. Pour moi évidemment, mais aussi pour des amis ou des copains de classe. Il faut dire que l'exercice me fascinait, sans doute parce qu'il me permettait de vivre, quelques minutes au moins, la vie de quelqu'un d'autre. C'est comme ça que je me suis imaginée postuler à tout un tas de jobs que je n'ai jamais fait, comme réparateur au rayon cycles chez Decathlon ou juriste en entreprise. Mais il y a un autre point qui m'intéressait, et qui continue d'ailleurs à alimenter ma réflexion, c'est comprendre ce qui nous motive. Au-delà des formules toutes faites, qu'est-ce qui nous motive profondément ? On se pose sans cesse la question du sens, en particulier dans le travail, mais je crois qu'elle ne peut pas être appréhendée sans celle de la motivation. Littéralement la motivation est ce qui nous pousse à faire une chose, elle est ce qui active notre organisme parce qu'il a un besoin à satisfaire. Avouons-le, ce besoin est souvent l'argent parce que cette étrange donnée, aussi fictive soit-elle, nous permet de donner corps à tout le reste. Mais généralement, cette motivation s'étiole si le reste ne suit pas : les conditions de travail, la convivialité, le respect, la reconnaissance, la progression, l'utilité sociale, l'appartenance, l'harmonie morale, etc. Alors au fond, ce qui nous motive, c'est ce qui nous fait « persévérer dans notre être », comme le dit si justement Spinoza. Le travail n'est donc source d'aucune motivation en soi, mais ce qui l'est, c'est la possibilité de trouver une pratique et un espace qui activent notre puissance, qui nous permettent de nous accomplir et de nous réjouir de ce que nous avons ou de ce que nous avons fait. Ça ne suppose pas que la tâche soit grandiose, ni facile, ni idyllique, ni cool, mais ça implique qu'elle ne nous éteigne pas. C'est la plupart du temps un luxe inaccessible, une belle utopie, mais plus les structures et les entreprises l'auront dans un coin de la tête, plus la lettre sera facile à écrire. Je vous souhaite de persévérer dans votre être.

Ceci n'est pas une faillite. Il y a vraiment de nombreuses circonstances où je me sens inapte, c'est-à-dire dépourvue des capacités attendues pour réaliser correctement la tâche qui m'est demandée. C'est une sensation étrange, humiliante, à laquelle on s'habitue avec difficulté. On se sent idiot, malhabile, un peu bancal. On rougit, on patauge, on est à côté d'une plaque, impossible à viser. Il y a cette impression confuse que notre cerveau ne parvient pas tout à fait à assimiler ce qu'on lui demande, qu'il bute, et que les réponses qu'il fournit sont inappropriées à la situation. Je me sens inapte lorsqu'il s'agit de manier des chiffres, car même des opérations assez simples suscitent chez moi un léger mouvement de recul, une panique palpable. Je me sens inapte lorsqu'il faut user de coordination ; j'admire, fascinée, la fluidité des chorégraphies élémentaires, comme des gestes venus d'un autre monde. Je me sens inapte lorsqu'il faut reconnaître des sons qui pour moi ne présentent aucune différence, et je déplore mon manque de finesse dans l'audition. La liste de mes inaptitudes est longue, et les nommer ne m'empêche pas d'apprendre ni de tenter de progresser. La persévérance est un horizon à jamais disponible, l'exigence est un socle. Sauf que force est de constater que ces domaines ne seront jamais ceux de l'évidence. Cependant, j'ai la chance d'avoir su très tôt que mes compétences étaient ailleurs, et qu'à défaut de trouver l'abondance dans les chiffres, je la trouverais, par exemple, dans les mots. Or, à l'inverse, combien d'entre nous se focalisent uniquement sur leurs inaptitudes, sur leurs échecs, sur les lieux arides où tout se tend ? L'habitude vient sans doute de notre système scolaire qui souligne de rouge nos défaillances, oubliant un peu vite la multiplicité de nos intelligences. Nos systèmes de compréhension, de mémorisation, de cognition ne sont pas les mêmes, et c'est tant mieux :

nos écueils sont les réussites des autres. Alors certes, nos progrès sont à l'aune de nos efforts, et il n'est pas question de faciliter à outrance, mais plutôt de ne jamais oublier de considérer toutes nos facettes. Je vous souhaite de chérir vos taches et vos talents.

Ceci est le plus beau des courages. Récemment, quelqu'un m'a envoyé un message bouleversant. Il y avait en filigrane cette question : peut-on aimer, et surtout, peut-on s'aimer lorsqu'il y a un manque originel ? Peut-on transmettre ce qu'on n'a pas reçu ? L'interrogation est fondatrice et il serait facile de répondre en parlant de résilience. Avant d'être un terme psychologique, la « résilience » renvoie au monde de la physique. Elle désigne la valeur caractérisant la résistance au choc d'un métal. Par extension, elle est devenue la capacité qu'ont les individus à surmonter des chocs traumatiques. En somme, il s'agirait d'encaisser et d'être en mesure de se relever. Précieuse et indispensable vertu, si bien nommée par Boris Cyrulnik. La résilience donne un sens à la souffrance, elle permet de ne plus vivre dans le malheur et de se reconstruire. Mais à force d'être employée pour tout et n'importe quoi, la notion se brouille, et devient peu à peu une énième injonction, qui au lieu de dégager l'horizon, l'obscurcit en nous imposant de nous remettre au plus vite de tous nos drames. C'est oublier un peu vite la complexité du phénomène et de nos vies psychiques. Tout peut-il être converti en positif et en étape vers le mieux-être ? Sans doute pas. La souffrance demeure souffrance, et c'est la raison pour laquelle elle mobilise notre courage. C'est parce que le manque est visible, parce que l'amour n'a pas été là, et qu'on en reconnaît la difficulté, qu'on peut décider de faire autrement. C'est parce qu'on a affronté, décortiqué, analysé, pleuré, enragé, qu'on trouve les ressources pour dépasser et pour faire autrement, pour se créer à nouveau. La résilience, telle que la décrit Cyrulnik, n'est pas un consommable, mais un long chemin, qui engage notre lucidité, notre force, notre éthique, notre espoir. Et c'est dans ce parcours qu'on apprend à briser les schémas et les fatalités. Alors à tous ceux qui cheminent sur cette crête, je vous souhaite beaucoup de courage et d'amour.

Ceci est un tournevis. « Oui enfin, il n'a pas toujours été comme ça ! » Le ton est entendu. Le genre de ponctuation silencieuse qui souligne qu'on sait ce que l'autre a à dire. Il n'a pas toujours été « comme ça », c'est-à-dire charmant, fiable et téméraire. Avant, il était l'inverse. Et cet avant est suffisamment présent pour que la confiance soit fragilisée, abîmée, frileuse. La femme qui prononce ces mots parle de son fils, un adolescent qu'on qualifierait pudiquement de « difficile », ce qui ne raconterait sans doute pas grand-chose des tumultes par lesquels ils sont l'un et l'autre passés. Au fil de ce miracle qu'est le temps, l'adolescent est devenu un adulte responsable, ancré, solide. Sa mère, enfin en paix, oscille désormais entre soulagement, incrédulité, mais aussi méfiance. Car l'empreinte de la douleur, de la peur, de l'éreintement, est encore si présente que la confiance peine à trouver sa place. En l'écoutant, je sens mon émotion monter, quelque chose de bouleversant m'envahir. Je crois que nous avons tous été, un jour, cette mère et cet adolescent, incarnant l'un ou l'autre des rôles, en fonction des périodes de notre vie. Car rares sont ceux qui n'ont pas, au moins une fois, abîmé la confiance d'autrui. Et rares sont ceux qui ont oublié combien ils avaient souffert. Mère et fils, frères et sœurs, amis, conjoints, collègues… la fragilité de nos liens s'infiltre dans toutes les modalités. La confiance n'est pas une donnée qui est due. Elle n'est pas un devoir, pas une obligation, elle est une route qu'on décide d'emprunter ensemble, pas à pas, en mesurant les efforts, la persévérance et la conscience, qu'il faut pour arpenter ce chemin de crête. Mais une fois qu'on s'est mis d'accord pour randonner ensemble, est-il nécessaire de rappeler à l'autre ce qu'il était « avant » ? Et nous ? Qui étions-nous « avant » ? Quelles sont les erreurs que nous avons commises ? La réparation engage tout notre être, notre lucidité, notre capacité à faire face, elle est un défi d'une infinie complexité. Mais je crois surtout qu'elle doit s'ancrer dans le « maintenant », le seul espace de nos possibles. Je nous souhaite de réparer le monde, ensemble.

Ceci est une confession. On s'agite. On s'énerve. On se débat. On s'offusque. On remonte les manches. On joue des coudes. On s'acharne. On s'envoie des piques. On savoure d'illusoires victoires. On s'égosille. On est prêt à tout pour gagner. Prêt à tout pour dépasser celui qui a l'audace de nous précéder. On jouit d'avoir raison. On se satisfait de notre domination. Et puis soudain, le monde nous ramène à notre trivialité. Soudain, dans le chaos, dans les ténèbres, dans l'aridité d'événements qui nous confrontent, il n'y a plus de place pour les fioritures, plus de place pour l'inélégance et les tensions superflues. Le vent est devenu tempête. Nos forces s'amenuisent. Notre corps refuse les combats qui n'en sont pas. Abandonner les armes, ce n'est pas renoncer à sa fougue, ce n'est pas être indifférent à la justice. C'est, au contraire, aiguiser notre regard, concentrer notre puissance sur la seule chose qui dure et, sans doute, la seule chose qui compte, l'amour. L'amour fou. L'amour suprême. Tout se joue dans ce mince interstice entre la chair et les os, entre les palpitations et la peau, entre la naissance et la mort. Le reste est anecdote. C'est intense et aride.

Certaines relations ou certains projets n'y résistent pas. C'est un tri nécessaire, parfois douloureux, mais c'est peut-être la manière de traverser l'ouragan. S'alléger et laisser le néant dessiner l'évidence. « Je ne tomberai pas. J'ai atteint le centre. J'écoute le battement d'on ne sait quelle divine horloge à travers la mince cloison charnelle de la vie pleine de sang, de tressaillements et de souffles. Je suis près du noyau mystérieux des choses comme la nuit on est quelquefois près d'un cœur. » – Marguerite Yourcenar, *Feux*. Je vous souhaite une journée où les batailles valent la peine.

Ceci est un dictionnaire. Je crois qu'il y a quelque chose d'encore plus singulier que la famille, d'encore plus mystérieux, et peut-être même, d'encore plus confrontant, il s'agit de ce lien si particulier qu'est la « belle-famille ». Ces êtres avec qui nous sommes reliés par procuration, par la force d'un amour dont nous ne mesurons pas forcément toutes les conséquences à l'aune des premiers jours. Même le terme intrigue. L'adjectif « belle » renvoyait au Moyen Âge à une marque de tendresse, un signe d'affection destiné à souligner l'attachement qui se joue, dans l'adoption d'un membre n'ayant pas le même sang. Et c'est précisément dans cette estime forcée que réside toute la difficulté de la configuration. La « belle-famille » nous place face à un pacte absurde, qui n'est pas choisi, qui n'est pas toujours compris. Comment intégrer des codes qui ne sont pas les siens ? Comment faire face aux projections des uns et des autres ? Comment dissoudre des jalousies qui nous éreintent ? Comment résister aux commentaires et aux différences de vues ? Pourquoi subir ce dont parfois nous nous sommes affranchis dans notre propre famille ? Le devoir s'impose là où le cœur trébuche, et ce fracas d'émotions ne laisse personne indemne. Bien sûr, rien de tout cela n'est une fatalité, et aucune relation humaine ne peut se résumer à la simplicité d'un cliché. De temps à autre, les liens s'illuminent d'évidence, de soutien et d'une beauté qui n'a rien de surjoué. Mais quelle que soit la tendance, que cette belle-famille soit un espace de contraintes à subir ou un enthousiasme à chérir, peut-être que l'enjeu est le même : faire face à l'altérité et comprendre que tout groupe humain est régi par des règles et par des jeux de langage qui nous précèdent. Le saisir, c'est parfois s'éviter de souffrir, mais c'est aussi avoir l'envie de les apprendre, comme on découvre une langue étrangère. Je vous souhaite une journée où les pièces rapportées deviennent des valeurs ajoutées.

Ceci est un anniversaire. Ce qui est étrange lorsqu'on a un grand frère, ou une grande sœur, c'est qu'on les a toujours connus. À la naissance, l'horizon de notre monde réside dans les yeux de nos parents et de notre fratrie. Pour le meilleur, et parfois pour le pire, nous articulerons nos pensées, nos gestes, notre esprit et notre corps en fonction d'eux. Un jour, vient le temps de l'autonomie et d'un nécessaire affranchissement, mais dans l'enfance, nous sommes soumis à un écosystème qui nous précède, et dans lequel nous devons, tant bien que mal, nous développer. La famille est un espace qui n'a jamais fini d'être singulier. Comment sont organisés nos liens ? Comment se façonne une place de père, de mère, de grands-parents, d'oncles ou de tantes ? Comment faire quand il n'y a pas de modèle ou qu'on rejette ceux qui ont été proposés jusqu'alors ? La parenté n'est pas simplement un fait biologique, elle est issue d'une volonté de structurer la société humaine, elle définit des limites, elle dessine un dedans et un dehors. Qui est dans notre clan ? Et une fois devenu adulte, comment le composons-nous à notre tour ? Il s'avère que je fais partie des heureux élus qui sont nés dans le plus doux des espaces. Je suis née dans une famille où l'on se serre, où l'on se soutient, où l'on se regarde, où l'on s'écoute, où l'on partage, où l'on s'étreint, où l'on s'écrit à 6 heures du matin. Parmi tous les privilèges que j'ai reçus, l'amour de ma famille est le plus ultime, le plus beau, le plus précieux. C'est un socle pour les mois d'hiver et l'audace des printemps. Mais mes parents ne m'ont pas seulement aimée d'un amour infini, ils m'ont aussi donné un frère.

Un frère de onze ans mon aîné, un frère dont le cœur bat dans ma chair, un frère dont j'aimerais qu'il soit le mien dans toutes les galaxies. Et précisément parce que je sais combien c'est rare, combien ces liens sont délicats et parce que je ne redoute rien tant que leur perte, ce matin, de toutes mes forces, de toute mon âme, de toute ma joie, je veux célébrer mon frère et le jour où il a pris vie. Bon anniversaire mon frère adoré. Je vous souhaite de constituer une tribu qui vous ressemble.

Ceci est un paradoxe. J'ai toujours détesté le changement. Je n'ai pas aimé quitter mes écoles, j'ai rarement déménagé, j'ai regretté que les tickets de métro deviennent blancs au lieu de verts, j'ai mis un temps infini à rompre des relations compliquées, j'ai redouté chaque nouveau projet, j'ai racheté plusieurs Nokia 3310, sans compter toutes les fois où j'ai pesté contre n'importe quelle forme de mises à jour, et cela, dans toutes les sphères de mon existence. Je fais partie de cette espèce d'êtres vivants qui n'aime que les rituels. Ceux pour qui le sol tremble à chaque variation, ceux qui vivent les pertes, même anodines comme la répétition générale d'un déchirement à venir, et ceux qui ne s'habituent jamais aux choses qui finissent. J'ai peur d'être déstabilisée, car je crains sans cesse de ne pas être à la hauteur de ces indispensables adaptations. Ce n'est pas de la rigidité, c'est le sentiment aigu que tout autour de nous tangue tellement qu'il faut s'arrimer avant que la tempête nous submerge. Alors je laisse mes doigts s'enlacer autour de mes connaissances, de mes habitudes, de mon cercle de sécurité. Et pourtant, malgré cette insupportable fidélité, j'ai la conviction que le changement est aussi la seule option pour tenir bon et conserver ce qui au plus profond compte réellement. Un jour, dans un salon du livre, mon idole d'enfance, l'auteure Susie Morgenstern, m'a regardée droit dans les yeux, comme si elle avait découvert un espace profondément enfoui, et sans aucun lien avec notre conversation, elle s'est écriée : « Fonce et tais-toi. » En un uppercut d'audace et de douceur, elle m'avait confrontée à l'ultime paradoxe. À l'une des questions les plus dérangeantes qui soit, de celle que l'on aimerait conserver au fond d'un tiroir : à quels changements sommes-nous prêt pour obtenir ce que nous voulons ? Lorsque je parle « d'obtenir », je n'évoque ni la consommation, ni cet absurde « quand on veut on peut ». Il s'agit plutôt de nos aspirations profondes. De quelles transformations sommes-nous capable pour les honorer ? « Il faut que tout change pour que rien ne change. » Je vous souhaite de vous taire et de foncer.

Ceci n'est pas vain. « C'est dans la régularité qu'on progresse. » La phrase paraît banale, le genre d'adage que les professeurs nous répétaient au collège pour nous convaincre de travailler. On a envie de balayer ces mots, de les mettre à distance, de les laisser rejoindre la somme de mantras qu'on récite sans y croire. Et pourtant, si j'avais une méthode à transmettre, moi qui déteste les conseils creux que l'on sert à tout va, ce serait sans doute celle-ci. La vie ne m'a pas permis de croire au génie, à l'éclat, au coup de dés qui nous ferait remporter un pactole illusoire. Certes, le talent offre le confort de la fluidité, mais nous savons combien le confort est une donnée précaire. Je crois plutôt à la modeste constance, à celle discrète et studieuse, qui nous ancre dans la réalité. La répétition n'est pas grandiose, ni spectaculaire, elle est souvent ingrate, parfois même décourageante, mais c'est elle qui nous permet d'espérer qu'un jour, nous flirterons avec l'excellence. Elle fait de nous des êtres consistants. Pas des consommateurs séduits par la moindre lumière, brûleurs de performance et de sens, mais des individus capables de dépasser leur peur et leur maladresse. Dans quoi voulons-nous progresser ? Sur quoi voulons-nous concentrer nos efforts ? À quel domaine avons-nous envie d'appliquer notre régularité ? D'aussi loin que je m'en souvienne, j'ai écrit. Et depuis des années maintenant, je m'entraîne à produire tous les matins près de deux mille signes ici. Ce n'est pas une contrainte, pas une visée d'influence, pas une obligation éditoriale. C'est juste l'espérance qu'à force de mots, de partage et de pensées couchées sur l'écran, quelque chose en moi progressera. Et je crois que c'est pareil dans toutes les sphères de notre existence. C'est en faisant du sport au quotidien que l'on découvre ses muscles, pas dans un excès d'ambition. C'est en aimant l'autre dans toutes les lueurs de l'ordinaire qu'on apprend à soigner sa relation, et pas seulement à jouir des moments d'exception. Alors oui, les professeurs ont souvent raison, c'est dans la régularité qu'on découvre l'infini. Je vous souhaite une journée de répétitions.

Ceci est une force vitale. Récemment, j'ai donné ma dernière séance d'un cours sur le bonheur. Et parce que j'ai la certitude que l'on n'enseigne pas seulement aux autres, mais avant tout à soi-même, une fois l'ordinateur refermé, je me suis demandé ce qui dans ma vie me donnait la sensation d'une joie pure, et non l'impression d'une joie teintée de tristesse, comme lorsqu'on essaye de se divertir à tout prix, parce qu'on sait combien le gouffre est proche. Assez vite, je suis parvenue à l'idée que l'amour et l'amitié faisaient partie de cette catégorie-là. Bien sûr qu'ils comportent l'un et l'autre la peur de la perte, mais je crois que cela n'entame en rien la puissance qu'ils nous confèrent lorsqu'on les ressent. Parce qu'au fond, il s'agit bien de cela, ce n'est pas un cliché, ce n'est pas une formule, ce n'est pas une bonne parole prononcée à la va-vite, c'est une véritable conviction. L'amour et l'amitié nous grandissent, augmentent ce quelque chose dans notre être, que l'on peut nommer « confiance » et qui fonde notre personnalité. L'amour et l'amitié, lorsqu'ils renoncent à la toxicité, à la jalousie, à la possession, participent à notre élévation. J'ai peu de famille et très peu d'amis proches, mais je ne saurais mesurer à quel point ils m'ont permis d'étendre ma force vitale. Moi qui me sens si souvent menacée et qui vit avec un étrange sentiment d'insécurité, ils sont un tuteur pour ma colonne vertébrale. Ce n'est pas de la dépendance, c'est qu'ils nourrissent mon énergie. En termes chinois, « nourrir son énergie », c'est prendre soin de son « capital de vie », veiller à entretenir l'élan. On y parvient en ne laissant pas sa vitalité s'obstruer, s'enliser, stagner, mais en la maintenant éclatante. Alors peut-être est-ce ici que réside la véritable question : qu'est-ce qui nous donne de la force ? « La vraie vie c'est tenter de résister à la non-vie comme penser est résister à la non-pensée. » – François Jullien. Quels sont les choses et les gens qui augmentent notre puissance d'être ? Ce sont eux nos phares dans toutes les nuits. Je vous souhaite de les aimer très fort.

Ceci est une liberté à saisir. Il y a un sentiment vertigineux, qui ne manque jamais de provoquer un profond malaise, c'est lorsqu'on rend visite à quelqu'un en ayant la sensation que ce n'est pas le bon moment, et que notre présence suscite une tension, voire même un agacement, dépassant largement le cadre de notre personne. C'est une jeune mère qui rêve de dormir quelques minutes, et n'a pas la force de faire la conversation. C'est un couple qui vient de se disputer, et préférerait poursuivre l'échange, plutôt que de servir à dîner. C'est une amie surchargée de travail qui regrette secrètement d'avoir accepté un café. Combien de fois avons-nous vécu ce silence épais qui suit notre entrée dans une pièce ? Combien de fois nous sommes-nous retrouvé malhabile en ayant l'impression inconfortable de gêner l'autre, et de ne pas savoir où nous mettre ? « Je te dérange ? » Rhétorique d'une question qui ne souhaite surtout pas entendre la réponse. Au mieux, on s'agite, on compense, on tente péniblement de dissiper cette ombre. Au pire, on se vexe. Mais que se passerait-il si nous dépassions l'ego et les conventions sociales qui nous conduisent à vivre ce moment pénible ? Qu'arriverait-il si nos rapports pouvaient se dispenser de ces attentes qui nous placent les uns et les autres face à une impasse ? Comment tournerait le monde si l'on pouvait répondre sans faux-semblants : « Ce n'est pas toi qui me déranges, ce sont mes pensées, mes angoisses, ma fatigue, ma santé, etc. » ? Sans doute que l'échange serait tout autre, que la gêne s'habillerait de confiance et qu'on ne chercherait plus à arriver au « bon moment » puisque tout serait « moment » à vivre.

Au fond, peut-être est-ce cela que l'on nomme amitié, cette capacité à dépasser l'inconfort et la politesse illusoire, pour entendre ce dont l'autre a besoin, même si cela suppose, parfois, qu'on le laisse en paix. Offrir à l'être aimé l'opportunité de découvrir que le lien n'est pas une contrainte, mais bien une liberté à saisir. La clé pour savourer le prochain : « Je suis tellement content de te voir », en mesurant sa bouleversante sincérité. Je vous souhaite une journée d'amitié.

Ceci est un toujours. Qui sont nos amis de « vingt ans » ? Que disent-ils de nos existences ? Nous sommes à l'aune des années 2000, dans un coin du 13e arrondissement de Paris qui flirte avec le périphérique. Le 11 septembre a déjà eu lieu, l'Irak chancelle, le rap dispute à la techno la bande FM et les cabines téléphoniques habillent les trottoirs. J'arrive chez elle, j'embrasse ses parents, et nous nous apprêtons à sortir au Batofar. Ses cheveux sont épais, emmêlés de jeunesse, et les reflets de henné dialoguent avec le kaki de son débardeur. Nos jupons manouches tournent au son de nos seize ans. Vingt ans plus tard, nous n'avons pas vu passer cette double décennie dont je ne compte plus les particules. Nous sommes dans une rue du 16e arrondissement, ses mèches sont lisses et le regard est soucieux. Le rythme de nos âmes se rapproche de la quarantaine.

Et pourtant, tout est là. Indéfectiblement là. Ancré dans un toujours que rien ne bouleverse. Dans les naissances et les morts. Dans les ruptures et les reconquêtes. Dans les faillites et les lumières. Dans cet amour que les mois ont solidement construit. Je regarde son visage, tant aimé, et je comprends qu'il est un repère, mon échelle de survie face au vertige du temps. Car comment savoir ce que nous devenons ? Comment ne pas perdre le fil de nos désirs dans les errances de l'immédiateté et du changement ? Comment se souvenir de cette vie lorsqu'elle est happée par les jours ? Comment prendre la mesure de nos évolutions, de nos progrès, de nos ajustements et de nos trahisons si nous sommes seul ? Les amis de vingt ans sont les gardiens d'un temple, les interprètes d'un murmure, les bergers de nos paysages intérieurs. Ils sont les témoins de ce qui a été et qui, parce qu'ils l'ont vu eux aussi, ne disparaîtra pas. Ce n'est pas toujours confortable, c'est parfois « confrontant », mais c'est ici que se joue ce que l'on nomme « mémoire ». Celle qui nous aligne, nous épaissit et nous rappelle. « La vie est perdue contre la mort, mais la mémoire gagne dans son combat contre le néant. » – Tzvetan Todorov. Je vous souhaite de reconnaître vos phares.

Ceci est une idole de jeunesse. Récemment, j'ai eu une discussion amusante sur les figures qui nous avaient marquées pendant l'enfance et l'adolescence, et dont on était fan. Entre Diam's, Britney Spears, et Marguerite Duras, il y avait Jane Goodall. Elle était le genre de personne qui me fascinait tellement que j'aurais pu afficher dans ma chambre un poster à son effigie. Son destin me fait frissonner, encore aujourd'hui. Lorsque Jane Goodall arrive au parc national de Gombe Stream en 1960, elle n'a que vingt-six ans. Sans formation, sans diplôme, elle s'installe dans la forêt simplement munie d'une passion dévorante pour les singes. Le monde ne connaît alors quasiment rien au sujet des chimpanzés, et encore moins de leur parenté génétique unique à l'homme. Au cours de ses recherches sur le terrain, Jane opte pour une approche plutôt singulière, se plongeant dans l'habitat des primates et dans leur vie quotidienne, afin de saisir toutes les subtilités de leur société complexe. En vivant avec eux, elle s'y confronte, agissant comme un voisin plutôt que comme un observateur lointain, apprenant à les comprendre non seulement en tant qu'espèce, mais aussi en tant qu'individus. La publication de ses travaux révolutionne la communauté scientifique parce qu'elle montre que les chimpanzés sont en mesure d'utiliser et de fabriquer des outils, de chasser, mais aussi, et surtout, qu'ils sont doués d'émotions et de liens affectifs très forts avec ceux qu'ils affectionnent. C'est un nouveau modèle qui se met en place. À la sauvagerie animalière, Jane Goodall oppose une tout autre vision, celle d'une troublante confusion avec l'homme, le constat d'une indéniable familiarité. Il y aurait beaucoup à dire sur sa vie extraordinaire, mais le plus bouleversant, c'est sans doute sa capacité à avoir su observer l'autre. Observer, sans d'autre but que de comprendre son essence. Qui est-il ? Qu'est-ce qui le fait se mouvoir ? Jane Goodall, à l'image des idoles que l'on découvre dans sa jeunesse, demeure pour moi une source d'inspiration permanente. Je vous souhaite d'aller au cœur de la forêt et de contempler ce que le monde cherche à nous dire.

Ceci est le XXe siècle. « Travail, opium unique », c'est avec cette devise, empruntée à François Mauriac, que Martha Gellhorn a abordé l'existence. Née en 1908 dans une famille juive du Missouri, d'un père gynécologue progressiste et d'une mère avocate féministe, Martha hérite d'eux un sens aigu de l'engagement. Très vite, elle abandonne ses études pour devenir journaliste et c'est avec seulement 75 dollars en poche qu'elle traverse l'Atlantique et débarque à Paris en 1930. Elle rencontre son premier mari, Bertrand de Jouvenel, le beau-fils de Colette. Qu'importe l'aigreur de la romancière, rien n'arrête Martha. Il faut écrire, raconter, se laisser happer par cette frénésie de vie, dans un siècle qui flirte avec la mort. Dès 1931, elle ne cesse de voyager à travers les États-Unis pour témoigner de la façon dont le peuple fait face à la Grande Dépression. Ses portraits l'imposent comme une journaliste de terrain, conjuguant présence et empathie. Au bout d'un an, elle est renvoyée pour avoir incité des travailleurs ruraux sans emploi à manifester dans l'Idaho. Elle est alors invitée par Eleanor Roosevelt, épouse du président des États-Unis et amie d'enfance de sa mère, à venir s'installer à la Maison-Blanche pour deux mois. Martha cumule les correspondances, tisse des fils entre les continents. Aussitôt posée, elle repart. Elle rencontre Hemingway à Key West, devient son épouse pour quelques années et surtout, se précipite à ses côtés pour couvrir la guerre d'Espagne. Qu'importent les risques. Il faut voir pour être en mesure de dire. Il faut se laisser traverser par ce siècle, le contempler les yeux ouverts. En 1944, elle est la seule femme à participer au débarquement avec les troupes américaines. Elle accompagne également les troupes alliées lors de la libération du camp de concentration de Dachau. En 1989, alors âgée de quatre-vingt-un ans, elle couvre l'invasion du Panama pour son dernier reportage de guerre. C'est finalement un pernicieux cancer qui a raison de sa détermination. En 1998, elle choisit d'avaler une capsule de cyanure, dialoguant avec l'inéluctable. L'ultime urgence pour une femme qui n'a jamais cessé d'étreindre le monde. Je vous souhaite de vous souvenir que rien n'arrête la fougue.

Ceci est une puissance. Ça gronde, ça s'agite, ça palpite le long des tempes. C'est plus que de la fougue et c'est autre chose que de la haine. La colère est singulière. Elle exige de la finesse pour parvenir à la cerner. L'éthique grecque loue les vertus de la tempérance et fait de la colère l'expression de l'*hybris*, cette démesure orgueilleuse, irresponsable et vaine. Même les héros y succombent. Ils se laissent aveugler par leur hargne, au risque de devenir ridicules, comme des pantins agités par les secousses de leur ego. La pensée antique nous engage à condamner les excès, à chérir le « rien de trop », à demeurer calme, impassible et prudent. Mais l'*hybris* est-elle la seule forme de colère ? Les Grecs n'ont que trop le sens de la précision pour laisser place à la caricature. Ils identifient une autre variation de la fureur. Celle qui se glisse dans le *thumos*. Ce souffle d'indignation qui saisit le cœur. Qui rend insupportable l'injustice, le déshonneur, l'humiliation, la médiocrité. Le *thumos* est cette capacité à se révolter, l'instinct vital sur lequel repose notre humanité. Refuser le silence, refuser les compromissions, refuser les conforts de l'habitude, pour dire ce qui ne peut plus durer. Platon, dans la République, fait du *thumos* la caractéristique majeure des gardiens de la Cité idéale. Car il faut ce feu-là pour déconstruire et bâtir autrement. Et surtout, autre chose. La colère, lorsqu'elle n'est pas une agitation sauvage mais un moteur intime, nous rend invincible, apte à renverser la table et dessiner un monde où règne la douce lueur de l'apaisement.

Je vous souhaite une journée où l'*hybris* laisse place au *thumos*.

Ceci n'est pas qu'une apparence. Il y a peu, deux photos se succédaient sur mon fil Instagram. L'une mettait en scène une maman venant d'accoucher, l'autre une jeune femme en séance de chimio. J'ai été émue par ces visions parallèles et par ces traversées qu'elles étaient en train de mener. Je me suis dit que nous étions dans une société où l'on exposait beaucoup les corps, où la chair était visible, où l'on voyait des épaules, des torses, des seins, en somme de la matière humaine, riche de ses différentes tailles et de ses différentes carnations. Dans la rue, dans les magazines, sur les réseaux sociaux, nos yeux font face, désormais, à des milliers d'images de corps. Et même si les normes sont encore tenaces, même si les complexes rongent, même si la visibilité a encore un long chemin à faire, même s'il y a encore tant à combattre sur la représentation de la femme, malgré tous les malgré, les corps sont là. Fragiles et vulnérables, puissants et solides, malades et bien portants. Pourtant, au-delà de ces images, je me pose une question : est-ce que « montrer » signifie « écouter » ? On scrute notre enveloppe, mais est-ce qu'on tend réellement l'oreille à tous les signaux qu'elle nous envoie ? Combien parmi nous sont allés jusqu'à l'épuisement ces derniers mois ? Combien vivent avec des souffrances constantes qu'ils ont fini par banaliser ? Combien de maux niés à grand renfort de médicaments pour continuer à être performant ? Combien d'émotions cadenassées ? Combien de régimes drastiques ? Combien d'efforts démesurés ? C'est étrange de constater à quel point on peine lorsqu'il s'agit de faire de la place à tous ces messages, à tous ces indicateurs laissés par nos organes. Montrer n'est pas voir, ni ressentir. Et pourtant, nous habitons le monde par notre corps, tout ce que nous percevons passe à travers lui. Alors peut-être qu'il faudrait apprendre son langage, nous initier à sa grammaire, être capable de traduire ses appels et qu'enfin, il ne soit pas seulement un objet qu'on expose, mais un royaume qui se respecte et se vit. Je vous souhaite d'ouvrir le courrier de vos cellules et de découvrir ce qu'elles ont à vous dire.

Ceci est une ouverture. « Waouh c'est trop trop beau ! » Les mains se joignent et les yeux se plissent. La regarder s'agiter est encore plus réjouissant que de contempler le décor. Je crois que l'une des plus jolies qualités sur cette terre est bien l'enthousiasme. Quelle est la dernière fois que vous l'avez ressenti ? Il y a quelque chose de bouleversant dans cette capacité qu'ont certains d'entre nous à exprimer une joie criante, tapageuse, comme s'ils enrobaient la vie d'un éclat enfantin. Être enthousiaste suppose de se laisser « prendre », de se laisser absorber par une émotion intense, incontrôlable. Dans l'Antiquité grecque, un « enthousiaste » est d'ailleurs celui qui est « possédé » par un dieu, celui qui reçoit une inspiration d'un autre monde, comme si nous, pauvres mortels, étions incapables de créer seuls une telle puissance. Au fil du temps, l'enthousiasme a perdu de sa connotation religieuse, tout en conservant cette idée de fougue qui bondit au-delà de nos cœurs, nous fait prononcer des onomatopées et des exclamations. Robert Misrahi fait de l'enthousiasme l'une des composantes essentielles du bonheur, car à l'instant où l'on ressent un tel sentiment, la totalité de la conscience est comblée. Elle n'est pas suffocante ni suspendue à ses habituelles errances : elle nous met face à l'instant. Pour autant, aussi prodigieuse soit-elle, cette faculté d'enthousiasme n'est valable que si elle est entière, sincère, vécue, et non jouée, encore moins surjouée. Et pour qu'elle puisse se faufiler, il faut permettre son inverse, il faut pouvoir accepter la déception, le dégoût, les larmes. Il faut s'octroyer le droit de ne pas aimer, la possibilité de trouver ça « nul » et « minable » sans que cela soit pris pour de l'insolence ou du mépris ou un affect mal géré. Si je parle aujourd'hui de ces versants, ce n'est pas pour louer une énième fois l'importance des émotions, dans un monde qui n'est que réactions, c'est plutôt parce que je suis convaincue que l'enthousiasme et le dépit, lorsqu'ils sont sincères, sont des portes d'entrée vers la justesse et la conscience. Et ce sont ces deux piliers que je nous souhaite plus que jamais, ce matin.

Ceci est une réminiscence. Récemment, j'étais en train d'écrire sur la question de l'art. Et entre deux phrases de Kant, je me suis demandé quelle était la première fois où j'avais trouvé quelque chose de « beau ». En tout cas, de suffisamment beau pour que je me le formule. Je crois que c'était un carré en soie appartenant à ma maman, un tissu avec différentes tonalités de beige, déclinées en camaïeu. Je l'adorais. Pas seulement parce que ça lui appartenait et que l'étoffe portait son odeur, mais aussi parce que du haut de mon jeune âge, je trouvais le dessin précieux et la matière élégante. Ça éveillait « quelque chose » en moi. Et au bout du compte, c'est peut-être ici que se joue l'indéfinissable intérêt de l'art, sa capacité à être un révélateur. Et c'est cela auquel fait référence Bergson dans *La Pensée et le mouvant* : « À quoi vise l'art, sinon à nous montrer, dans la nature et dans l'esprit, hors de nous et en nous, des choses qui ne frappaient pas explicitement nos sens et notre conscience ? Le poète et le romancier qui expriment un état d'âme ne le créent certes pas de toutes pièces. Au fur et à mesure qu'ils nous parlent, des nuances d'émotions et de pensées nous apparaissent, qui pouvaient être représentées en nous depuis longtemps, mais qui demeuraient invisibles : telle, l'image photographique qui n'a pas encore été plongée dans le bain où elle se révélera. » L'art nous relie à notre âme, inonde nos ombres d'une autre lumière, attise notre réflexion. Et quels que soient notre âge, notre socle culturel, nos horizons et nos urgences, plus nous serons capable de percevoir du beau, plus nous serons capable d'étendre la connaissance que nous avons de nous-même, et peut-être, plus nous serons en paix avec les autres. Alors plutôt que de parler d'un futur sombre et de ces chaos à venir, je vous souhaite d'ouvrir grand les yeux et de regarder la beauté autour de nous, c'est elle qui nous permettra de lutter contre notre médiocrité.

Ceci n'est pas habituel. Il y a quelque chose qui m'émeut beaucoup, vraiment beaucoup, ce sont les parents qui galèrent, parce que pour un tas de raisons, leur enfant peine à rejoindre les normes nécessaires sur lesquelles nous avons construit nos institutions. Je les vois, à bout de forces, naviguer d'explications en rendez-vous, de dossiers médicaux en justifications, de spécialistes en thérapeutes, essayant de combler, d'aider, d'accompagner, d'aiguiller, de décortiquer. Devant chaque interlocuteur, il faut encore et encore mettre en mots son histoire. Affronter le regard et se détourner des jugements silencieux. Le plus vertigineux dans tout cela est que ces parents se voient obliger d'épouser une mission à laquelle personne n'est préparé. Ni eux ni les professeurs. Ils doivent avancer à pas de loup dans un singulier labyrinthe, où s'entrechoquent conseils contradictoires, procédures insensées et méconnaissance circonstanciée. Je ne parle pas ici d'insolence en classe ou de notes en berne dans un bulletin. Ce que j'évoque, c'est le curieux chaos qui éreinte lorsque rien ne fonctionne comme prévu. Ce que l'on nomme pudiquement « différence » est une notion princière, jusqu'à ce qu'on doive la vivre dans son quotidien. Il n'y a dans mes modestes phrases aucune morale à la clé, et bien pire encore, il n'y a pas la moindre solution. Je n'ai rien d'autre à offrir que mon soutien infini. Et la conviction que ce chemin, aussi laborieux soit-il, vaut la peine. Le regard de confiance porté sur un enfant est le plus grand cadeau qu'on puisse lui faire. Croire en lui, c'est lui donner la possibilité de s'élever, de s'étendre, d'oser. Être « différent » n'est rien d'autre qu'une manière d'interroger les modes de pensée et de représentation. Or, c'est en étant capable de questionner la norme qu'on peut la faire évoluer et avancer. Alors oui, c'est dur, oui il faut de l'aide, des renforts, des ressources, du courage. Mais que serait notre société sans des figures pour la bousculer ? Je vous souhaite, ainsi qu'à vos enfants, la confiance en des lendemains heureux.

Hiver

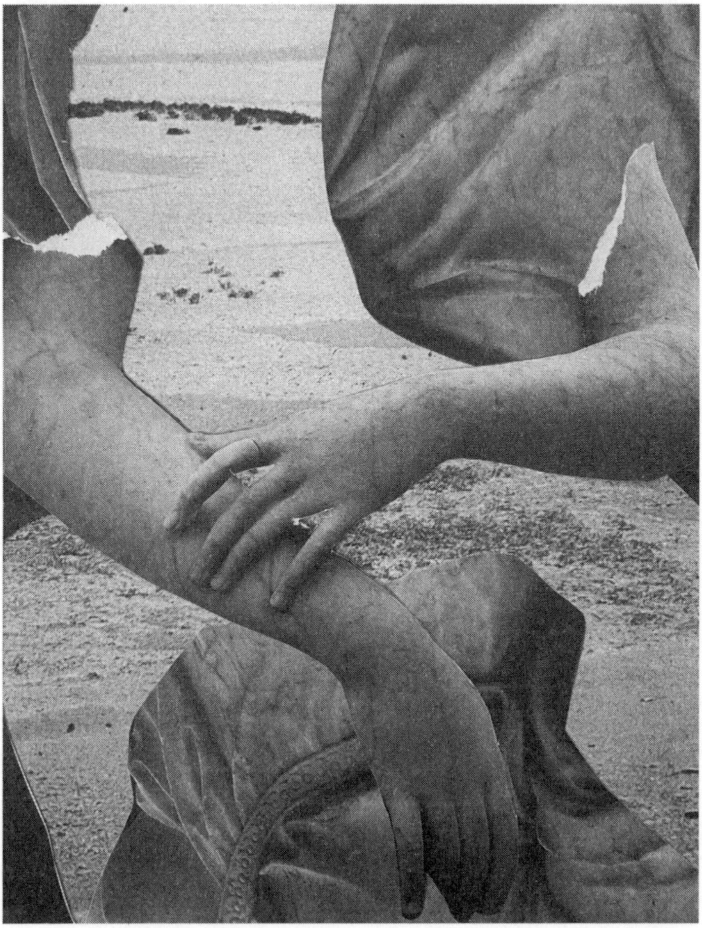

Ceci est grand comme l'infini. L'autre jour, j'ai lu un article qui m'a beaucoup émue. L'histoire est celle d'une adolescente atteinte d'un grave cancer, contre lequel elle se bat depuis plusieurs années. Ces jours-ci, son combat touche à sa fin, et le cancer semble sur le point de l'emporter. Mais malgré la souffrance, lorsque la maladie le lui permet, la jeune fille prépare une sorte de journal intime dont les dates s'étendent loin dans le futur, dont les paroles s'étirent vers les semaines de l'année à venir, alors qu'elle ne les verra sans doute pas elle-même. Si elle rédige ce journal, c'est dans une perspective bien précise : il s'agit d'un cadeau pour sa meilleure amie, qui veut entreprendre un long voyage après le lycée. La jeune fille malade ne visitera sans doute jamais les villes et les paysages que son amie va découvrir, et même si cela l'emplit d'une rage impuissante à l'égard de la maladie et du destin, elle continue coûte que coûte à préparer ce journal. Elle le remplit de dessins, fait commencer chaque mois par une page spéciale, et invente des questionnaires qui aideront son amie à réfléchir sur ce qu'elle vit. Elle donne vie au funeste et fait perpétuer le lien au-delà de la mort. Évidemment, j'ai été bouleversée par ce récit. Mais peut-être plus encore par l'idée qu'il existe quelque part la possibilité d'une pareille union, une capacité à faire perdurer les choses, les relations, les dialogues, au-delà de toutes les séparations. Et peut-être est-ce ici que se dévoile une nouvelle question : qu'est-ce que nous voulons faire durer au-delà du temps ? Quelles amitiés bien sûr, mais aussi quels amours, quelles idées, quelles convictions ? Quelles sont ces passerelles que nous voulons ériger entre le passé et l'avenir ? Que voulons-nous transmettre ? L'instant présent est fondamental, précieux, indispensable. Mais se projeter dans le futur est aussi une manière d'interroger notre aujourd'hui, de faire de nos actions des gestes orientés vers des possibles qui nous porteront vers l'infini du temps. Je nous souhaite des amitiés à la vie en dépit de la mort.

Ceci est une conviction. Ce matin, j'ai réalisé qu'hier, c'était la Saint-Valentin. Je fais partie de ceux que les injonctions agressent et que les déguisements angoissent. Je suis le genre d'individus dont le cœur déborde tant qu'il ne se nourrit que d'émotions brutes, pures, sans artifices. J'aime inconditionnellement, au-delà des jours, au-delà du temps. Alors évidemment, mon calendrier ne s'accordait pas tout à fait à la tendance ; cependant j'ai interrogé, sans cynisme, ce qu'on célébrait ou plutôt ce qu'on cherchait dans cette date aux lettres rouges. Sans doute s'agit-il de dire. D'oser dire. De saisir l'occasion d'exprimer ce qui habituellement est tapi dans nos silences quotidiens, dans nos listes de courses, dans nos pudeurs confortables, dans nos indicibles désaccords. Le 14 février devient le support de cette attention à l'autre, quelle que soit la modalité que l'on entretient avec lui. Le dialogue s'inscrit dans l'espérance d'un « premier jour » enfin retrouvé. Mais est-ce la visée la plus souhaitable ? Il y a longtemps, je m'étais demandé comment on aime au premier jour. On aime sans connaître, sans avoir appris l'autre, on aime par projection, on aime à travers soi. C'est le temps de l'excitation et de la mise en scène. Et c'est infiniment charmant. Mais veut-on que ce joli badinage dure toute la vie ? Je crois qu'il y a autre chose. Je crois en l'amour du deuxième, du troisième et même du dernier jour. Celui qui doit sans cesse se réinventer, lutter, construire. Celui qui à la surface répond par la profondeur, qu'importe si c'est parfois celle des ténèbres. Il faut arpenter des sommets. Résoudre l'équation impossible qui nous met au défi d'articuler sécurité, promesse d'éternité et sauvagerie primitive. L'existence entre les individus est un orage perpétuel. L'air entre leurs visages est plus intense, plus hostile, plus fulgurant, qu'entre les arbres ou les pierres. Mais parfois, de rares fois, de belles fois, la foudre tombe vraiment. Alors pouvoir le vivre devient la chose la plus précieuse au monde. La plus absurde des folies. Je veux l'amour des jours qui suivent. Je vous souhaite une Saint-Valentin qui flirte avec l'éternité.

Ceci n'est pas logique. Récemment, je discutais avec quelqu'un qui évoquait sa relation amoureuse avec des arguments très rationnels, mesurant les avantages et les inconvénients qu'impliquait la situation. Le propos était construit et mesuré, mais il était si distancié que j'avais du mal à imaginer qu'il puisse s'appliquer au domaine du sentiment, et encore moins à celui du sentiment amoureux. Face à mon étonnement, mon interlocuteur m'a répliqué qu'il était rationnel en toutes circonstances, et que les émotions empêchaient de prendre les bonnes décisions, qu'elles venaient mettre du chaos là où la raison, elle, permettait d'ordonner. Je suis très organisée, très structurée, et j'ai passé une partie de ma vie à étudier la logique. Pourtant, en l'écoutant, je ne cessais pas d'avoir en tête les *Pensées* de Pascal : « Nous connaissons la vérité non seulement par la raison mais aussi par le cœur. C'est de cette dernière sorte que nous connaissons les premiers principes et c'est en vain que le raisonnement, qui n'y a point part essaie de les combattre. » Le cœur n'est pas que le siège des passions destructrices et dévorantes, il est aussi le lieu de l'intuition, ce qui permet d'accéder à la vérité, ou plus précisément à une forme de vérité, qui n'est pas absolue, mais qui est relative à nous-même, à notre vécu, à notre histoire intime. Être sincère, ce n'est pas dire la vérité, mais sa vérité, c'est parler avec son cœur en acceptant que la raison ne puisse pas tout expliquer. Et c'est ici que Pascal propose une précieuse distinction. Il y a des vérités objectives et démontrables, qui ont besoin de la raison pour être mises en lumière. Cependant, il y a aussi des vérités subjectives, tangentes, fragiles, énigmatiques, qui ne reposent sur rien d'autre que sur la puissance de notre cœur, de notre tendresse, de notre amour. Il ne s'agit pas d'opposer la raison et le cœur. Il s'agit de saisir que notre humanité chemine sur une ligne de crête, où chaque versant nous permet de tenir debout. Nos comportements sont aussi le fruit de ce magma qui palpite à l'intérieur de nous. Je vous souhaite d'aimer vos raisons que la raison ignore.

Ceci est ma limite. Il y a peu, un enfant m'a posé une question que j'ai adorée mais qui m'a déstabilisée, ce qui finalement est chez moi un état permanent. Il m'a demandé le défaut que je détestais le plus chez les gens, précisant comme consigne : « le pire, vraiment le pire ». Bien entendu, une cascade de possibilités a jailli dans mon esprit, sans ordre ni hiérarchie. J'ai pensé aux radins, aux arrogants et aux égoïstes, dont la fréquentation complique de si nombreuses journées, ou encore aux individus très prétentieux, persuadés qu'ils savent tout, qu'ils comptent plus que tout, et qu'ils ont raison sur tout. Mais j'ai fini par avoir une forme de tendresse à l'égard de ces écueils dont la source réside la plupart du temps dans un manque, dans une peur ou dans un passé qui les dépasse. Les travers sont l'expression d'une criante vulnérabilité, qui nous invite, si on en a les ressources, à la décortiquer au lieu de la juger. J'ai souri en me rappelant tous les autoritaires, les aigris, les anxieux, les baratineurs, les bavards, les capricieux, les boudeurs, les cachottiers, les étourdis, les envahissants, les orgueilleux ou les plaintifs que j'avais croisés dans ma vie. J'ai souri un peu plus grand en songeant à mes propres défauts, à mes lacunes, à mes tocs, à mes carences, à mes mensonges, à mes manies. J'ai souri en saisissant que nos défauts sont une manière de nous débattre, de traverser comme on peut les vagues de l'existence. Mais sentant l'impatience de mon interlocuteur, j'ai fini par admettre qu'il y avait un défaut pour lequel je n'avais pas le moindre début d'indulgence : c'est la capacité à humilier autrui. Cette odieuse façon de rabaisser autrui, de lui indiquer qu'il est inférieur et de l'avilir. C'est pour moi inacceptable. Et en répondant à la question, j'ai réalisé qu'analyser les défauts des autres servait surtout à comprendre nos propres limites, les frontières de notre monde, celles que l'on ne veut pas franchir. Il ne s'agit pas de juger, de punir, de normaliser, de réprimander, il s'agit de réaliser les défauts avec lesquels on accepte de vivre et ceux qui nous sont insupportables. Je vous souhaite de soigner les rives de votre intégrité.

Ceci est une symphonie. « C'était tellement drôle », « Tu es belle », « J'ai adoré ta tarte aux poireaux », « C'est incroyable ce que ça te va bien », « Je suis très admiratif de ce que tu as fait », « Tu es radieux ce matin ». Qu'importe la formule, il y a toujours quelque chose de joli dans un compliment. C'est infiniment touchant d'imaginer que quelqu'un prend le temps de formuler ces mots qui n'ont pas d'autre but que de souligner qu'on a fait attention à l'autre, qu'on l'a regardé et que ce regard nous a conduit à une pensée. Pourtant, malgré leur beauté, les compliments n'ont pas une trajectoire facile. Combien d'entre nous n'osent pas les faire ? Et combien d'entre nous ne parviennent pas à les entendre ? D'un côté, on redoute l'impudeur, l'inapproprié. N'est-ce pas cavalier ou intrusif ? N'est-ce pas déplacé ? De l'autre, on ressent un étrange mélange de gêne et de perplexité. Est-ce que la personne est sincère ? Qu'attend-elle de moi ?

Derrière les compliments, il y a toujours le spectre de la flatterie, de la belle parole semée au vent, comme si le flatteur ne cherchait qu'à masquer la véritable intention, et qu'il nous caressait en espérant affaiblir notre jugement. Coincé entre ces deux écueils, le compliment se retrouve souvent pris en otage de notre éducation. On le pense, mais on le tait. Alors bien sûr, toutes ces craintes sont légitimes. Il y a des compliments pervers, des compliments sirupeux, d'autres faux et maladroits. Mais rien de tout cela ne doit occulter ceux qui jaillissent du plus profond de nos cœurs. Que se passerait-il si on savait les dire et si on acceptait de les mériter ? Si au lieu de nous balancer nos critiques au visage, on savait se signifier notre amour avec autant d'intensité ? Si on faisait tinter ces paroles, si on s'éclaboussait de délicatesse, d'attention ? Si on arrêtait de jalouser, de redouter, de se fermer pour se célébrer ? Si on se risquait à exprimer et à recevoir ? C'est sans doute naïf, facile, simpliste, mais honnêtement ces derniers jours, je n'ai pas d'autres ressources que celles-ci. Je vous souhaite l'audace des louanges.

Ceci est une exploration. Je crois que regarder d'anciens albums photos provoque un vertige qui ne ressemble à aucun autre. C'est étrange toutes les couches d'existence qu'on accumule dans une vie. Toutes les personnes que nous avons été, toutes celles que nous avons fréquentées. C'est drôle d'imaginer qu'il n'y a pas si longtemps, la cour de l'école maternelle nous donnait l'impression d'être un territoire immense. C'est curieux de se dire qu'il y a quelques mois à peine, nous étions heureux quand nos parents nous donnaient une permission de sortie. Et ça l'est encore plus de constater combien nous sommes sans cesse pris dans la valse du temps. Il y a des époques qui se lient sans jamais vraiment se côtoyer. Celles du lycée, du premier emploi, du premier appartement. Celles des mariages, des naissances, des deuxièmes enfants. Il y a ces instants indéchiffrables, ceux où les goûts changent, les habits changent, et les amitiés aussi. Nous traversons des strates, nous composons des formes abstraites avec les fragments qui restent. On avance, on oublie. Et de temps en temps, on tombe accidentellement sur une photo d'avant. On se demande qui nous étions alors et qui nous sommes aujourd'hui, quel dialogue silencieux se joue entre les deux lorsque nous sommes endormi ? Qu'est-ce que cet avant raconte au présent et qu'est-ce que ce dernier lui répond ? Quelles trahisons, quels soulagements, quelles défaites, quelles libérations, se faufilent dans leur discussion ? On s'en veut parfois, on sourit souvent, on se laisse traverser par la nostalgie, ou peut-être, simplement, qu'on se félicite d'avoir su arriver jusqu'ici. Puis on range la photographie, jusqu'à ce que notre présent devienne lui aussi une autre séquence de la valse du temps. « La buée des existences passées ne s'évapore pas : elle souffle dans nos vies et nous mène là où nous ne pensions jamais aller », écrit Delphine Horvilleur. Nous n'avons pas une vie, mais mille vies à conjuguer au présent. Je vous souhaite ce matin d'apprécier l'immensité de votre cour d'école.

Ceci n'est pas une fanfare. Ce matin, j'ai pensé à tous ceux pour qui entamer une conversation relève de l'épreuve. Ceux qui frottent leurs paumes contre leurs pantalons par peur panique de parler. Ceux soulagés que l'interlocuteur s'en aille. Ceux que le groupe oppresse. Ceux qui se sentent idiots lorsque les blancs surgissent. Ceux qui s'en veulent de ce qu'ils ont dit. Ceux à qui il faut du temps pour formuler des idées. Ceux qui ne parviennent pas à rebondir. Ceux qui admirent les diatribes et les forts en verbe. Ceux qui redoutent les cercles de présentation. Ceux qui rougissent avant chaque murmure. Ceux qui loupent des entretiens parce que l'espace de parole glisse sous leurs pieds. Ce matin donc, j'ai pensé aux timides. À cette étrange poésie contrariée. À ces stigmates d'adolescence qui deviennent violence dans une société où il faut être et paraître à n'importe quel prix. J'ai pensé à leurs chuchotements et à leurs maladresses, aux procès d'impolitesse qu'on pourrait parfois leur faire, à leurs yeux rivés sur le sol même quand c'est l'autre qu'ils rêvent de fixer. Est-ce que nous sommes tous timides à certains instants ? Est-ce une question de degré, de personnalité, de contexte ? Est-ce une appréciation de l'autre ou un jugement que l'on émet sur soi ? Est-ce une inhibition qui s'exhibe ? Est-ce un repli, un empêchement, une élégance ? Il y a peu de temps, j'ai lu les *Confessions d'un timide* de Philippe Vilain. Il y écrit ces quelques mots : « Faire l'éloge du timide, ce n'est pas faire l'éloge du silence, mais celui de la parole, au contraire, d'une parole meurtrie, d'un dire bruissant qui n'a pas trouvé sa voix. Tout timide est un parleur qui ne se nomme ni ne se dit. » En les parcourant, j'ai ressenti une tendresse infinie pour tous ceux qui, ici, ne sont pas parvenus à se frayer un chemin. Sans faux-semblant, je crois que leur timidité est un levier, une invitation à contempler, à utiliser un autre langage, à observer de plus près, comme si nous étions dans le brouillard. À nous taire enfin pour laisser planer nos indicibles. Je vous souhaite de faire une discrète haie d'honneur à nos timides adorés.

Ceci est une urgence. Je ne parle pas souvent d'éducation, alors même que c'est le cœur de mon métier. Sans doute est-ce parce que je n'aime pas beaucoup les méthodes et la somme de diktats dont on submerge les parents qui, pour la plupart, font déjà ce qu'ils peuvent. On peut éveiller, interpeller, accompagner, alerter, mais au bout du compte, la seule chose qui importe dans les familles, ce n'est pas le nombre de bonbons mangés dans la semaine, c'est l'amour et la confiance avec lesquels on regarde ses enfants et la cohérence dans laquelle on les fait grandir. Le reste appartient à chacun, avec ses possibles, ses moyens, sa culture, sa propre transmission. En revanche, il est sans doute important que parents ou non, nous prenions la mesure de ce que suppose cette mission. L'éducation est plus qu'un socle, c'est l'enjeu même de notre société et de notre avenir. On peut agir au présent, mais éduquer, c'est se donner la force d'agir au futur. C'est comprendre que nos modes d'existence sont des systèmes et qu'il est possible d'en changer. On peut apprendre la politesse, on peut aussi apprendre à prendre le temps, à infuser, à regarder, à respecter, à ne pas frapper, à être autre chose que des consommateurs avides d'achats, de performance et de compétition. J'ai souvent été marquée par la justesse de la « slow éducation », qui refuse l'accumulation stérile de connaissances au profit de la qualité qui demeure la seule excellence. L'éducation n'est pas qu'une lubie de milieux privilégiés, elle est une urgence politique qui nous concerne tous. « Nous avons besoin d'une humanité qui pense, qui crée, qui s'engage, qui partage. Il faut montrer aux jeunes qu'il existe d'autres sources de plaisir que l'acte d'achat. On ne combattra la séduction de la consommation qu'avec le concours d'autres formes de séduction plus riches. La culture au sens large doit reprendre ses droits, à travers le cinéma, la danse, la peinture, la photographie, la musique, la pensée. La consommation ne peut pas tout apporter, elle devient un fétiche lorsqu'on n'a rien d'autre. » – Gilles Lipovetsky. Je nous souhaite d'être grands pour nos petits.

Ceci n'est pas un pouvoir. « Allez sois sage mon chéri, et passe une bonne journée. » Le père embrasse tendrement son enfant, caresse la tête de son doudou, et referme la porte de l'école. Une scène du quotidien, dont la banalité ne m'empêche pas de percevoir l'immense tendresse qui s'en dégage. Un rituel qui rassure l'enfant, le père et aussi la directrice d'école que je suis. Mais à cet instant, quelque chose me trouble plus que d'habitude dans cette injonction à être sage. Soyons honnêtes et clairs, comme de nombreux parents qui me lisent ici, je rêve d'enfants sages, car rien ne fluidifie plus une journée que de petites personnes capables d'une joyeuse obéissance. Plus généralement, « être sage » est une attitude hautement recommandable quel que soit l'âge que l'on affiche au compteur : c'est le socle du vivre-ensemble. Pourtant, aussi familier et enviable soit-il, le concept d'obéissance pose de nombreuses questions. À quoi obéit-on ? Ou plutôt à qui ? Et pourquoi ? Par habitude ? Par confiance ? Pour ne pas être puni ? Par conscience de l'ordre ? Par respect du collectif ? Pour faire plaisir ? Par inhibition ? Et nous, sur qui exerçons-nous du pouvoir ? La difficulté est de saisir la fine frontière qui existe entre obéissance et soumission. Dans les deux cas, il s'agit de faire face à une autorité et c'est bien, ici, tout l'enjeu de la réflexion. Car combien de fois avons-nous rendu acceptables différents types d'emprises ? Professionnelle, familiale, financière ? Par peur ou par admiration, on se soumet. Comment se fait-il que nous soyons aussi dociles ? Dans son ouvrage phare, *Surveiller et punir*, Michel Foucault observe les lieux d'obéissance, comme les prisons, les hôpitaux, les écoles, les collèges, etc., et en dévoile les outils tels que la discipline ou la flatterie. Dans notre vie intime, s'interroger sur les outils qui fonctionnent sur nous est passionnant, non pour viser une rébellion artificielle, mais plutôt pour comprendre nos mécanismes. La prise de conscience est le début de la liberté et la garantie d'une saine obéissance. Je vous souhaite de faire preuve de sagesse, avec conscience.

Ceci est plus qu'un miroir. Récemment, j'ai pris le train et je me suis dit que c'était étrange d'être face à quelqu'un. C'est curieux de découvrir un visage. Il y a ceux éprouvés par la vie dont le sourire tire vers le bas, ceux dont les tics trahissent une agitation, il y a les lèvres gourmandes, les barbes qui piquent, les pommettes hautes et les taches de soleil. J'adore observer les individus dans la réalité ; cela n'a rien à voir avec ceux que l'on perçoit derrière un écran. Ce n'est pas seulement une question de filtres, c'est un rapport à la matière. Il se passe quelque chose quand on regarde quelqu'un en face. On est touché, gêné, interpellé, troublé, charmé. On joue au jeu des ressemblances, on mémorise les traits, on entre déjà « en contact » avant même de s'être parlé. Les premières semaines de sa vie, la vue d'un bébé se limite aux quelques centimètres qu'il a devant lui. Il faut donc réaliser que sa perception du monde s'organise autour des visages penchés au-dessus de lui. Au commencement donc, nous n'avons eu que cela comme horizon : d'immenses territoires de peau. En hébreu, il existe un terme, *panim*, qui signifie « visage », sauf qu'il a la particularité de ne s'employer qu'au pluriel, comme si dans chaque visage apparaissait une multitude d'êtres humains. Comme si nous étions un livre, qui ne prend sens qu'à mesure où l'on tourne les pages. *Panim*, symbole de l'humanité. *Panim el panim*, le face-à-face. Plonger dans l'autre, lever la tête de nos téléphones, c'est faire l'expérience de notre appartenance à la communauté des hommes, riche de toutes ses singularités. Celles qu'on ne peut jamais dissoudre, qu'on ne peut jamais simplifier. Pas une façade, pas un selfie, pas une image publique, pas un rapport à la beauté, mais peut-être une voie d'accès à notre tumulte intérieur. Le visage est un trésor. Le *panim* est l'expression de toutes nos richesses. Je vous souhaite une journée où l'on vous regarde sans jamais vous dévisager.

Ceci est une feuille de route. Quel *mensch* ! Une étrange interjection. Un compliment. Une exclamation. Le cœur s'ouvre face à une parole bienfaisante, les yeux s'étonnent de la justesse du propos. Sans grandiloquence ni désir absurde de domination, mais avec une droiture prompte à saisir la situation, à en assumer pleinement la responsabilité. En allemand, *mensch* désigne « l'être humain » au sens large. En yiddish, ce terme a acquis une connotation morale et une poésie singulière. Un *mensch*, comme le déclare l'écrivain Leo Rosten, est « une personne digne d'être admirée et imitée, qui possède un caractère noble ». Mais cette noblesse n'est pas un titre figé dans l'autorité, elle est celle du quotidien, celle du héros ordinaire, capable de saisir en plein vol la banalité du bien, de se surpasser et d'agir comme il faut. Le bon ton au bon moment, qui ne quémande aucun honneur. L'éloge de la fiabilité, les yeux ouverts et l'amour ample. En somme être un *mensch*, c'est être un type bien. Et comme si la grammaire précédait nos mœurs, le *mensch* est neutre, il s'emploie pour les hommes autant que pour les femmes. Il est ainsi une manière d'appréhender le monde, les autres, et la singulière complexité qui découle de tous nos méandres. Si j'avais des enfants, voilà sans doute la seule éthique que je leur transmettrais, la seule exigence. C'est en tout cas celle que j'ai chevillée au corps et à l'âme quand je regarde mes élèves : « Soyez des *mensch*, mes chéris, et renversez le monde par votre courage. » Je vous souhaite une journée d'exemplarité.

Ceci est une fête. Récemment, je donnais un cours en ligne sur la philosophie contemporaine. À un moment, je me suis mise à lire un texte d'Henri Bergson. Un texte sur l'effort et la manière dont il conduit à la joie. En le lisant à haute voix, je me suis dit que c'était l'un des textes les plus émouvants que je connaisse. Car rien n'est plus émouvant, à mon sens, que l'idée selon laquelle la réussite ne repose pas sur l'argent, la gloire ou la notoriété, mais bien sur la joie que nos créations nous procurent. C'est ici que réside pour Bergson la raison d'être de notre quotidien : créer, c'est-à-dire faire exister ce qui n'était pas une idée, une œuvre, un enfant, une entreprise, un projet, une association, un mot doux, un plat, une chanson, peu importe. En créant, on agrandit sa personnalité, on étire l'effort, on dépasse ses peurs, et au bout du compte, on se crée soi-même car on façonne sa personnalité. Alors qu'importent les échecs et les déconvenues, si on se laisse le temps de la transformation et du mouvement. « L'effort est pénible, mais il est aussi précieux, plus précieux encore que l'œuvre où il aboutit, parce que, grâce à lui, on a tiré de soi plus qu'il n'y avait, on s'est haussé au-dessus de soi-même. Or, cet effort n'eût pas été possible sans la matière : par la résistance qu'elle oppose et par la docilité où nous pouvons l'amener, elle est à la fois l'obstacle, l'instrument et le stimulant ; elle éprouve notre force, en garde l'empreinte et en appelle l'intensification. [...]. Elle nous avertit par un signe précis que notre destination est atteinte. [...] Mais la joie annonce toujours que la vie a réussi, qu'elle a gagné du terrain, qu'elle a remporté une victoire : toute grande joie a un accent triomphal. Or, si nous tenons compte de cette indication et si nous suivons cette nouvelle ligne de faits, nous trouvons que partout où il y a joie, il y a création : plus riche est la création, plus profonde est la joie. » – Henri Bergson, *L'Énergie spirituelle*. Je vous souhaite d'entendre cet hymne à la joie.

Ceci est une haie d'honneur. Il y a peu de temps, j'ai animé un atelier d'écriture avec un groupe de participantes particulièrement émouvantes. Et comme souvent après ce genre de séance, je me suis retrouvée plongée dans une très forte intensité émotionnelle. Le thème de l'atelier était la puissance et l'acte chez Aristote. Pour lui, être « en puissance » de quelque chose, c'est avoir un potentiel en attente de développement. La puissance n'est pas le pouvoir ni la force, comme on l'entend aujourd'hui, mais tout ce que peut devenir ou faire concrètement un être. Un bloc de marbre peut être taillé en des milliers de statues ; il est donc « en puissance » de toutes ces statues. Comme nous, qui sommes « en puissance » d'une infinité de vies possibles. À l'inverse, une fois que la statue est réalisée, on dit qu'elle est en acte. Étymologiquement, l'acte désigne ce qui est fait. Il désigne donc la concrétisation d'une de ces possibilités, une fois que le tailleur a fait son œuvre, et a réalisé une, et une seule, de ces nombreuses virtualités. Si être « en puissance », c'est être « potentiellement », être « en acte » revient à être « concrètement, réellement ». Or, en transmettant ces différents concepts, je me suis rendu compte à quel point il était plus facile de lister nos potentiels que de réaliser nos actes. On passe notre temps à penser à tous les trucs qu'on pourrait faire, à tous les projets qu'on pourrait développer, à tous nos talents non exploités, à tous les métiers passionnants à côté desquels on passe, à toutes les existences trop cool qui pourraient être les nôtres. On se voit « en puissance » d'une foule de perspectives possibles comme autant de chimères qui brouillent notre horizon. Alors ce matin, s'il y a une chose que j'aimerais insuffler, c'est qu'on prenne la mesure de nos actes. Qu'on réalise toutes les choses exceptionnelles que nous faisons déjà, au lieu de nous centrer sur celles qu'il nous reste à faire. J'aimerais qu'on se félicite un instant d'être des superstars du quotidien. Des athlètes du vécu.

Nous sommes en acte de tant de triomphes pour être parvenus jusqu'ici. Je vous souhaite de vous donner la médaille d'or.

Ceci n'est pas définitif. Il y a une chose qui m'a marquée durant mes études, et qui continue de m'interpeller dans certains milieux : c'est le sentiment de supériorité que confère « la Culture ». Alors évidemment, il serait insensé à l'heure où la pensée est menacée, et à celle où notre taux d'attention se segmente en quinze petites secondes, de dénigrer la grandeur de l'apprentissage, encore moins son absolu nécessité. Et pourtant, aussi essentielle soit-elle, la notion de « culture » m'intrigue. Au fond, qu'est-ce que ça veut dire « être cultivé » ? Est-ce un nombre de références qu'il faut connaître absolument ? Si oui, lesquelles ? Est-ce un luxe réservé à certaines catégories sociales ? Est-ce une approche relative à notre cadre d'origine ? Le terme de « culture » peut être compris de deux façons : soit comme quelque chose qui « élève », un peu comme la puériculture qui cherche à « élever » les enfants. Soit comme des manières de penser ou d'agir, propres à un groupe donné, par exemple, la culture japonaise ou la culture d'entreprise. Si on suit le premier sens, il y a effectivement l'idée que la culture fait forcément progresser, qu'elle nous rend meilleurs, qu'elle nous met à l'abri. Pourtant, est-ce juste ? Est-ce que pouvoir citer des livres ou des peintres nous rend plus humains ? J'en doute. Je connais bien trop de salauds cultivés pour croire à cette définition. Si on préfère l'autre sens, la culture n'est ni bonne ni mauvaise, elle est une simple construction sociale. Et lorsqu'on appartient à un terreau culturel qui nous déplaît, nous avons bien évidemment la possibilité de nous ajuster et d'en sortir, car si la culture est une construction, elle peut aussi se déconstruire. En somme, il n'existe pas uniquement « la Culture » avec un grand C, celle dont se gargarisent certains ou celle qui fait honte à ceux qui se sentent à l'écart. Il y a, au contraire, les cultures, avec des centaines de petits c, avec des énigmes, des incompréhensions, des questionnements et des fascinations. Et aussi celle de nos plus beaux partages. Je nous souhaite de nous faire découvrir nos cultures.

Ceci n'est pas une carte de visite. Il n'y a pas longtemps, je me suis dit que les gens qui répétaient régulièrement combien ils étaient « gentils et bienveillants » étaient souvent ceux qui avaient le plus de difficultés à incarner ces notions. Alors évidemment, rien d'inédit ici. L'adage est connu, un peu facile, mais valable dans tout un tas de domaines : « C'est ceux qui en parlent le plus qui en font le moins. » Oui mais voilà, ce qui m'intrigue, ce n'est pas tant de les juger, mais plutôt de saisir pourquoi on en « parle ».

Qu'est-ce qu'on cherche à éprouver en faisant ce type de déclarations ? Qui souhaite-t-on convaincre ? Nous-même ? Les autres ? Est-ce une manière de se rassurer ? Une façon de se lancer un défi ? Est-ce une forme de méconnaissance de soi ? Parce que le décalage est trop grand entre notre perception et celle que peuvent avoir les autres ? Sans doute un peu tout cela. J'ai la conviction qu'il y a véritablement, au cœur de ces affirmations, une quête criante de légitimité. Je sais qu'il s'agit là d'un terme à la mode, qui flirte avec le syndrome de l'imposteur. Son origine est multiple. Traditionnellement, elle désigne ce qui est conforme au droit. D'autres l'imposent par le statut, la connaissance, l'expertise, la conviction. C'est pour cela qu'on va à la pêche aux preuves, aux diplômes, aux likes, aux témoignages, aux étoiles, etc. Le sociologue Max Weber insiste sur les piliers de la légitimité que sont la rationalité, la tradition et le charisme. Tout cela est fascinant autant que « confrontant », et surtout, très utile pour penser un statut social, mais qu'en est-il lorsqu'il s'agit de légitimer notre caractère ? Où est le professeur des écoles ou le parent capable de nous dire : « C'est bien, tu as été gentil aujourd'hui » ? Alors à défaut d'avoir accès à la bonne note, on se la donne à nous-même, on s'auto-congratule pour que les autres en fassent de même. Que se passerait-il si on n'avait pas besoin de cette procédure ? Si on se laissait vivre avec nos grandeurs et nos médiocrités ?

Je vous souhaite de n'être ni gentils, ni bienveillants, juste d'être et faire de votre mieux.

Ceci est l'indicible rivage. Un texte que je n'arrive même pas à lire jusqu'au bout et qui, pourtant, condense tout ce qui me donne la force de vivre chaque jour. Une rage infatigable qui n'a de sens qu'à travers la perspective d'une extinction. C'est l'extrême intensité des gouffres lorsqu'ils se conjuguent aux sommets. L'impossible séparation. L'insupportable déchirure. L'intolérable perte. Je ne sais ce qui me conduit à avoir toujours dans un recoin de l'esprit cette douloureuse litanie. Peut-être qu'au fond, c'est parce que je sais que tout le reste est anecdote. « Tu viens juste d'avoir quatre-vingt-deux ans. Tu es toujours belle, gracieuse et désirable. Cela fait cinquante-huit ans que nous vivons ensemble et je t'aime plus que jamais. Récemment je suis retombé amoureux de toi une nouvelle fois et je porte de nouveau en moi un vide dévorant que ne comble que ton corps serré contre le mien. La nuit je vois parfois la silhouette d'un homme qui, sur une route vide et dans un paysage désert, marche derrière un corbillard. Je suis cet homme. C'est toi que le corbillard emporte. Je ne veux pas assister à ta crémation ; je ne veux pas recevoir un bocal avec tes cendres. J'entends la voix de Kathleen Ferrier qui chante "*Die Welt ist leer, Ich will nicht leben mehr*" et je me réveille. Je guette ton souffle, ma main t'effleure. Nous aimerions chacun ne pas avoir à survivre à la mort de l'autre. Nous nous sommes souvent dit que si, par impossible, nous avions une seconde vie, nous voudrions la passer ensemble. » – André Gorz, *Lettre à D. Histoire d'amour*. Je vous souhaite une journée où vos amours sont éternels.

Ceci est un lien. Peut-être est-ce ma perception qui me trompe. Peut-être que les autres deviennent un miroir et que je cherche en eux ce qui résonne en moi, toujours est-il qu'en cette année, il y a dans l'air comme un poids. Une pierre qui refuserait de se déloger du cœur, qui alourdirait le ventre et serrerait la gorge. Chaque jour j'entends des personnes autour de moi exprimer combien c'est « difficile en ce moment ». Je ne sais pas exactement à quoi renvoie ce « difficile », ni depuis combien de temps dure cet « en ce moment ». Mais l'idée est bien là. Comme si quelque chose était si désordonné dans le monde, qu'on ne savait plus vraiment où se mettre. Chez Platon, le monde est vivant, c'est-à-dire qu'il est pourvu d'un corps et d'une âme. Son corps, qui a l'aspect d'une énorme sphère, est constitué à partir de quatre éléments : le feu, l'air, l'eau et la terre, et c'est son âme qui les met en mouvement. C'est par l'intermédiaire de son âme qu'un ordre règne dans ce monde, que les aubes éclairent et que les nuits enveloppent, que les forêts protègent et que les océans engloutissent. Et c'est cet ordre qui doit servir de modèle à l'homme s'il veut vivre à son tour une vie ordonnée. Car pour Platon, l'homme imite le monde. Cela peut paraître curieux, mais il y a quelque chose qui m'émeut beaucoup dans cette pensée. Le corps des hommes est fait des mêmes éléments que le corps du monde, et nos âmes résultent du même mélange. Chacun de nous représente le monde en petit. Ou plutôt chacun de nous est un petit monde. Alors quand le chaos se répend, il se diffuse partout, dans les corps et les âmes, dans ceux du monde et des hommes. Alors peut-être que mon invitation ce matin est que chacun d'entre nous prenne la mesure de ces liens, et que modestement, nous commencions à remettre les choses en place. Un peu moins de démesure, un peu plus de justesse et d'amour. Sans doute qu'en nous exerçant à recréer de l'harmonie dans le monde, un jour nous retrouverons celle qui manque à nos vies. Je vous souhaite une journée de rangement.

Ceci n'est pas une loterie. « Une personne sur deux a l'impression de passer à côté de sa vie. » Je ne parviens plus exactement à retrouver d'où proviennent ces mots. Je les ai lus hier, et depuis, ils sont comme imprimés dans ma rétine. Une sur deux. Vous, moi, lui, elle, nous. Parmi tous ceux qui lisent ces mots ce matin, un sur deux a le ventre noué ou le cœur lourd. J'entends ces chiffres qui me terrifient, mais je ne saisis pas totalement la suite du propos. Qu'est-ce que cela veut dire, « passer à côté de sa vie » ? Et à l'inverse, qu'est-ce que cela suppose « d'être dans sa vie » ? Est-ce une question de travail ? De loisirs ? De finances ? D'amour ? D'éthique ? De santé ? Est-ce qu'être dans sa vie, c'est ne connaître ni hauts, ni bas, mais seulement les doux récifs de la fluidité ? Et est-ce que « passer à côté », c'est ignorer nos rêves, faire des compromis, renoncer à aller jusqu'au bout ? Je n'en sais rien. Mais surtout, je me demande même si cela veut dire quelque chose, car au fond, à partir du moment où l'on naît, on vit coûte que coûte. Parfois, c'est excitant, enthousiasmant, emballant, au-delà de nos espérances. Et puis parfois, c'est décourageant, injuste, ennuyeux, déchirant. Mais quelle que soit la nuance du jour, il s'agit bien de « notre » vie. Et peut-être que si nous arrêtions de la regarder à distance, de nous imposer une pression insensée sur ce qu'elle devrait être ou ce à quoi elle devrait ressembler, alors on commencerait à la vivre réellement. Qu'importe que ce matin soit un de cheveux gras, de conquête, de dossiers pénibles, de mails indigestes ou d'ivresse joyeuse, notre vie mérite d'être vécue sans évaluation, sans hiérarchisation, sans rentabilité. Les mains dans le cambouis de l'être. « Être, dit Heidegger, c'est être-dans-le-monde. Comprenez cet "être-dans" au sens de mouvement. Être, c'est éclater dans le monde. [...] Ce n'est pas dans je ne sais quelle retraite que nous

nous découvrirons : c'est sur la route, dans la ville au milieu de la foule, chose parmi les choses, homme parmi les hommes. » – Edmund Husserl. Je vous souhaite d'arpenter le sentier qui vous convient.

Ceci est saisissant. C'est quand même amusant cette tendance que nous avons tous à tenter de savoir ce que nous ferions à la place des autres. En cas de dispute, de proposition d'emploi, d'adultère, de maternité, de parentalité, de santé, et peut-être même de fait historique. Évidemment, il y a ceux qui ont la délicatesse de prendre des gants et des pincettes, et ceux qui s'efforcent de mesurer leurs commentaires, mais quoi qu'il en soit, le résultat est identique : il s'agit de dire comment « nous », nous aurions agi dans les mêmes circonstances. Je ne suis pas loin d'être à l'abri de ce genre de remarques. Je fais souvent partie des bons élèves qui prétendent connaître le chemin le plus juste, mais malgré cette envie de donner la bonne réponse, je reste dubitative. Peut-on vraiment savoir quelle attitude nous aurions adoptée ? Peut-on réellement mesurer la somme d'angoisses, d'adrénaline, de doutes, d'émotions, de peurs, de passifs, qui surgissent lorsqu'on fait face à une décision ? Peut-on sincèrement analyser comment on se serait comporté en de telles circonstances quand la réalité de ces circonstances nous échappe entièrement ? Aurions-nous été résistant ou bourreau ? Nous pouvons disserter sur les enjeux en présence, nous pouvons examiner nos valeurs et nos limites, nous pouvons identifier nos schémas ou témoigner de nos expériences, mais nous ne pouvons jamais être certain des actes qui auraient été les nôtres. « Il arrive souvent, à nous qui sommes revenus et qui racontons notre histoire, que l'interlocuteur nous dise : "Moi, à ta place, je n'aurais pas résisté un seul jour." Cette affirmation n'a pas de sens rigoureux : on n'est jamais à la place d'un autre. Chaque individu est un sujet tellement complexe qu'il est vain d'en prévoir le comportement, davantage encore dans des situations d'exception, et il n'est même pas possible de prévoir son propre comportement. » – Primo Levi. Je nous souhaite, ou du moins, je me souhaite d'intégrer ces mots au plus profond de nos cœurs.

Ceci est un possible. Il y a peu, j'ai pensé à la sensation jouissive de sécher les cours. De nous libérer de nos obligations. De fuguer. L'envie d'annuler nos contraintes conquiert chaque parcelle de nos corps, obsède nos pensées. Pourquoi renoncer à ce confort ouaté de notre tranquillité ? Pourquoi subir un énième rendez-vous dont on a l'impression qu'on connaît déjà tout le déroulé ? Aucune raison n'est valable, si ce n'est celle de s'ouvrir à l'événement, à cette donnée inconnue, non maîtrisable, qui peut-être va changer notre trajectoire, si sous nos yeux ébahis se dessine une rencontre ou un souvenir mémorable. Dans la pensée d'Hannah Arendt, « l'événement » est ce qui ne répond pas à la logique ; il ne peut pas être déduit des conditions extérieures, il ne peut pas être pensé. Qu'importe qu'on connaisse les gens, le lieu, les circonstances, il y a dans chaque instant de notre vie la possibilité qu'il se passe quelque chose, sans lien avec nos précédentes expériences. L'événement porte en lui le nouveau, celui qui parfois nous ébranle, mais aussi celui qui rend la vie prompte à être vécue. Car sans cette brèche dans le quotidien et dans le banal, qu'auraient été nos parcours ? Quelle tournure auraient pris nos existences sans cette personne croisée dans la cour d'école, dans le bureau d'à côté, durant un trajet de métro ? Sans ce coup de fil inopiné ? Sans ce hasard troublant ? L'événement est une « crise », dans le sens grec du terme, c'est-à-dire une rupture au sein d'un processus. La peur nous conduit souvent à la craindre, à ne percevoir en elle que le tragique accident, mais bien que le risque soit inévitable, le contourner c'est se priver d'un éventuel moment de révélation. C'est se priver du monde en train de se faire. « Le problème avec la vie, c'est qu'on ne sait vraiment pas du tout ce qu'il se passe. » – Philip Roth. Et si ce rendez-vous obligé devenait la meilleure opportunité de notre année ? Et si l'on s'habillait de confiance ? Pas pour se forcer, ni se dépasser, mais pour croire en un futur qui n'a pas dit son dernier mot. Je vous souhaite une journée d'aventures impromptues.

Ceci n'est pas exhaustif. Je ne sais pas skier. Je ne sais pas non plus conduire, ni jouer au tennis. Je confonds ma gauche et ma droite. Mon accent en anglais est déplorable. Je panique lorsqu'une pièce est mal rangée. Je ne sais pas poser de divisions. Je ne comprends pas des principes basiques de compatibilité. Je n'ai aucune coordination. Je ne sais pas jouer d'instrument de musique. Je n'ai guère de notion du temps. Je suis nulle en apnée. Je ne sais pas crawler. Je ris un peu trop lorsque je m'exprime en public. J'ai la sensation qu'en philosophie tout le monde est plus légitime que moi. J'ai du mal à me faire payer sans être systématiquement un peu gênée. Je pense avoir au moins quatre kilos de trop. Je culpabilise comme on respire. J'ai sans cesse peur de ne pas être à la hauteur. J'ai honte d'avoir des considérations qui font de moi une privilégiée. Et tant d'autres choses encore. Cette liste de défaillances pourrait se poursuivre sur un espace bien plus grand que ne me l'autorise Instagram. Sans doute que beaucoup d'entre elles sont universelles. Ce qui me trouble c'est à quel point nous sommes à même de considérer nos insuffisances et nos incapacités, plutôt que nos réussites. Pourquoi donne-t-on tant de crédibilité à nos faiblesses ? Par manque de confiance, certes. Par syndrome de l'imposteur, sans doute. Mais peut-être pas seulement. Je déteste cette liste, mais peut-être aussi qu'elle me raconte plus que tout le reste, qu'elle dessine les contours de mon histoire cognitive, émotionnelle et sociologique. Peut-être ses accrocs disent plus que la direction artistique avec laquelle nous gouvernons nos vies. Ce n'est pas une posture illusoire afin d'être sincère et transparent, nous ne le serons jamais tout à fait, parfois même malgré nous. C'est une philosophie des creux, ceux qui permettent aux sommets d'être si hauts et souvent si beaux. Je vous souhaite une journée d'alpinisme.

Ceci est un horizon infini. J'ai lu dans un article une statistique qui m'a profondément troublée : « Les enfants d'infirmiers ont quatre fois plus de chances de devenir infirmiers que la moyenne des gens. Et les enfants d'avocats ont sept fois plus de chances d'être avocats à leur tour. » Je ne sais pas exactement sur quoi reposent ces affirmations, ni les méthodes employées, mais je sais une chose, pour l'avoir vu souvent en enseignant : c'est que nos rêves se forment à l'aune de nos horizons possibles. En somme, nos ambitions, amoureuses, professionnelles, ou plus généralement, nos ambitions de vie, se dessinent en vertu de ce que nous avons sous les yeux, du contexte dans lequel nous évoluons et nous grandissons. Nos existences sont déterminées non seulement par notre milieu, mais aussi par notre conception de ce qui est possible ou non. L'auteur de l'article déclare : « Notre comportement est dicté par notre environnement. » Et c'est juste, il est difficile d'imaginer ce dont on ignore totalement l'existence. Il faut donc, afin de dépasser ce qui tout de même s'apparente à une forme de fatalité, être capable de réduire cet enfermement mental, cette limitation de l'esprit. S'extraire consiste à aller au-delà du village. Dans les réussites sociales, on repère souvent des moments décisifs où c'est l'imagination qui fait le grand saut, avant tout le reste. Mais attention, ce n'est pas qu'une question de prétendu progrès, je me méfie du terme « réussite » et de ce que l'on met derrière. L'enjeu est plutôt la possibilité de s'affranchir : devenir fleuriste quand tout le monde autour a fait une école de commerce ou croire en l'amour éternel lorsqu'on vient d'une famille de multidivorcés. L'imagination est cette valeur clé, qui ne sert pas seulement à faire des rédactions en classe de quatrième, mais qui sert surtout à inventer sa vie, pour devenir infirmier ou avocat par conviction, non par reproduction. Cette imagination se travaille, en lisant, en découvrant, en apprenant, mais surtout, en nous confrontant à tout ce qui n'est pas nous, en nous mélangeant. Je nous souhaite de tout cœur de toujours être en mesure de regarder ailleurs.

Ceci est un élan. « Non, mais vraiment on vit dans une société de merde ! » Je la regarde, les yeux remplis de tendresse. Je comprends sa rage et j'entends sa colère. Son ton est aussi cinglant que ses dix-sept ans. La jeune adolescente poursuit son monologue, et sa fureur finit par se fracasser dans des larmes. Je me méfie des clichés et des propos faciles sur l'insouciance des jeunes gens. Avoir dix-sept ans ne suppose en rien que le monde soit beau. Hier comme aujourd'hui, les angoisses viennent se faufiler dans la fougue. Qu'est-ce qu'avoir dix-sept ans en 1940 ? En 1960 ? En 1980 ? En 2022 ? À chaque contexte ses égarements, ses crises, ses interdits, ses combats. Les considérer, sans relativiser, c'est entendre les peurs. Pour les fréquenter souvent, pour être confrontée quotidiennement à leurs chaos, je crois être en mesure d'affirmer que les ados sont à notre image. En colère sans doute, mais surtout paumés. Livrés à la complexité d'un monde devenu insensé, où les craintes sont dévorantes, où nous passons dix heures par jour derrière nos écrans, où la déconstruction des modèles laisse place au vide, où le bac n'existe plus, où les campagnes politiques se jouent de nos errances, où les rapports amoureux oscillent entre la consommation compulsive et le spectre paralysant du consentement, où l'horizon se brouille… Que vont-ils faire de tout cela ? Les ados sont un chaînon de notre mal-être. Et pourtant, ils sont aussi le laboratoire du monde à venir. Alors je crois que j'ai envie de prendre cette jeune femme dans mes bras, et de lui offrir ma confiance la plus sincère. Cette société, elle en fait partie, et je mettrai tout ce qui est en mon pouvoir pour lui donner les outils qui l'aideront à la transformer, si seulement elle comprend qu'elle en est actrice. Le changement commence lorsque l'amour est suffisamment grand pour donner le courage d'agir. Je vous souhaite une journée à la hauteur de notre jeunesse ; ses abîmes sont les nôtres.

Ceci n'est pas un puits. Comme beaucoup ici, j'ai du mal à supporter les ruptures. C'est-à-dire, pas seulement celles que j'ai pu vivre. Non, je parle plus généralement de tous les récits de séparation. Quelque chose, en leur sein, me bouleverse. Aussi nécessaires, justifiées et souhaitables soient-elles, les ruptures nous emmènent dans le territoire glacial de l'impossibilité, de l'inachevé qui pourtant s'achève, de la promesse qui finalement n'a pas été tenue. Mais ce qui me laisse le plus perplexe, ce sont les modalités selon lesquelles elles se déroulent. Il y a une question qui s'impose : « Pourquoi la rupture nous rend aussi con ? » Bien sûr, j'entends déjà certains qui, ici, me diront que tout peut se faire « en bonne intelligence » ; je connais moi aussi des couples qui se dé-tissent dans le respect. Mais en toute sincérité, j'ai plus souvent assisté à l'inverse. J'en ai été l'actrice et le témoin. L'onde de la rupture nous fracasse. Les capacités de raisonnement s'éparpillent, se brisent comme les assiettes du foyer qui n'existe plus. On s'embrouille, on se brouille, on travestit, on se doit d'avoir raison pour que l'autre s'étouffe dans ses torts. Et surtout, on se fige dans une inélégance insensée. Faisant état des comptabilités les plus fourbes, des plans les plus tortueux. On écrit des textos incendiaires, on planque des affaires, on touche aux points les plus délicats, jusqu'à ce qu'il ne reste plus rien dans le champ de bataille. On devient viscéralement « mesquin ». Le terme « mesquinerie » est issu de l'italien *meschino*, qui lui-même renvoie à l'arabe signifiant « pauvre ». Voilà sans doute la plus parlante des descriptions, on se rend « pauvres » au lieu d'être « riches » de l'expérience vécue. Je n'ai aucune sagesse à offrir, et encore moins la prétention d'une solution, mais j'aime ce questionnement : pourquoi nous rendons-nous mutuellement si pauvres ? Pourquoi vidons-nous nos réserves de souvenirs et d'énergie ? Que recherchons-nous dans ce geste ? À effacer ? À assurer le non-retour ? À nous d'écrire nos réponses pour peut-être faire de la mesquinerie le terreau de nos noblesses à venir. Je vous souhaite du courage.

Ceci est une nourriture. Je me souviens d'un jour, il y a longtemps maintenant, j'étais aux urgences d'un hôpital parce que ma maman s'était cassé le poignet. En face de moi, une femme attendait, en pleurant silencieusement, souffrant visiblement dans sa tête autant que dans sa chair. L'instant était suspendu, comme c'est toujours le cas dans les lieux de chaos, de patience et d'épreuves, curieuses antichambres entre l'ombre et la vie. Au bout de plusieurs minutes, une troisième femme, qui elle aussi attendait à nos côtés, s'est dirigée vers la seconde, et presque sans un mot, avec une délicatesse infinie, lui a tendu une bouteille d'eau et une compote de pommes, que l'autre a saisi dans un sanglot d'émotions. Il y a peu, on m'a dit que j'étais souvent mièvre ; le récit de cette scène alimentera sans doute un peu plus ma réputation, et pourtant, j'avoue sans pudeur que cette vision m'a bouleversée. Il y avait dans cette compote de pommes toute l'attention du monde, cette responsabilité qui nous engage vis-à-vis de l'autre. Je me répète chaque jour qu'aux crépuscules de nos vies, peu de choses auront d'importance, si ce n'est la capacité que nous aurons eue, ou non, à tendre nos mains. Le *care*, cette notion que l'on nomme en français « l'éthique de la sollicitude », cette sagesse pratique qui nous permet de saisir la vulnérabilité, les besoins, les préoccupations d'autrui et d'y répondre. En parler, c'est saisir que loin d'être une curiosité, une pratique réservée aux soignants, ou une anecdote larmoyante, l'éthique de la sollicitude est un sujet majeur, fondamental, le maillage nécessaire à une société qui n'en peut plus de son individualisme. Ce n'est pas un vœu pieux, c'est une urgence, le fondement de nos liens. Une éthique qui propose le plus bel horizon qui tienne : celui d'être ensemble. Au commencement, nous étions nus et d'autres ont pris soin de nous. Perpétuons la chaîne. Je vous souhaite de distribuer vos compotes de pommes.

Ceci n'est pas une pendule. L'autre jour, j'ai demandé à une amie ce qu'elle redoutait le plus dans les dîners de famille de Noël. Elle a répondu sans réfléchir : « Qu'on s'immisce dans mon rythme. » Elle faisait référence à toutes ces phrases que l'on distille : « Dis donc, vu ton âge, il serait peut-être temps de faire un bébé, non ? », « Si tu n'as pas le poste de tes rêves à quarante ans, c'est foutu, ta carrière est grillée », « Ton fils ne parle toujours pas à dix-huit mois ? Tu devrais consulter je pense », « À quinze ans, on ne peut pas avoir une histoire d'amour sérieuse », « Trente ans, c'est le bon moment pour se marier ! », « Faut qu'il y aille doucement, il a soixante-dix ans quand même ».

C'est drôle comme les gens, qu'ils soient proches de nous ou non, se sentent libres de commenter nos horloges. Ils établissent des calendriers, des plannings, des âges clés. Il s'agit d'identifier des paliers, d'établir des moments incontournables, des passages de vie à ne pas louper. Peut-être au fond que cette gestion temporelle sert à nous rassurer ; elle nous engage à ne pas omettre les réalités biologiques, professionnelles et pragmatiques qui composent notre existence. C'est nécessaire, mais c'est aussi incroyablement oppressant. Je n'ai jamais rien fait à l'heure dans ma vie. J'ai toujours été en retard ou en avance. J'ai eu des fulgurances et puis parfois, j'ai eu besoin d'un temps infini pour comprendre. J'ai trente-six ans, je ne suis pas mariée, je n'ai pas d'enfants, je n'ai pas eu un parcours classique, encore moins linéaire. C'est parfois très angoissant, mais je ne regrette rien, car je ne veux pas connaître d'autre temps que le mien. Nous sommes les seuls maîtres de nos horloges, et si nous forçons les choses, si nous cédons à des exigences qui ne sont pas les nôtres, c'est ainsi que nous nous perdons de vue, que nous nous désaxons. La vigilance et la conscience des années qui passent ne doivent pas être des freins. Il n'y a pas de meilleur moment que celui que nous reconnaissons, nous-mêmes, comme étant le bon. Il s'agit de « vivre à propos », dit Montaigne, c'est-à-dire vivre en étant capables d'être présent ici et maintenant. Je vous souhaite d'avoir votre rythme dans la peau.

Ceci est une affaire de famille. Il y a une chose sur laquelle j'écris beaucoup. Je me demande même parfois si ce n'est pas mon principal sujet. C'est la question de la famille. Comment faire famille ? Comment faire couple ? Comment faire tribu ? Comment faire avec tous ces autres qui ne sont pas nous, quand déjà on peine à se porter soi-même ? On fait souvent comme si cela devait être évident. Comme s'il suffisait d'être là et d'attendre que le quotidien se déploie. Et pourtant, quelle énigme ! En tout cas pour moi ! Imaginons un instant si nous prenions le temps de réfléchir à la manière dont sont organisés nos liens. Si cette semaine, au lieu de parler de nos tests antigéniques, nous nous interrogions sur le rôle que nous avons les uns pour les autres. Qu'adviendrait-il ? Qui mettons-nous derrière le mot de « parents » ? Qui est dans notre clan ? Claude Lévi-Strauss considère les sociétés comme des systèmes de relations entre individus. Chaque groupe social et chaque groupe familial s'organise autour de règles implicites, qu'on ne verbalise pas toujours, mais qu'on connaît. La parenté n'est pas simplement un fait biologique, elle est issue d'une volonté de structurer, elle définit des limites, elle dessine un dedans et un dehors. Et l'anthropologie consiste justement à observer les différences. Appartenir à une culture et comprendre celle des autres, c'est connaître l'ensemble des règles en usage. C'est être en mesure de dire : « Tiens ici, ça fonctionne comme ça. » C'est ce qu'on appelle le structuralisme. Il s'agit d'étudier les rapports entre les éléments plutôt que les éléments eux-mêmes. Et je crois que c'est important. Car pour bâtir une famille, un couple, une tribu, où l'on se sent bien, il faut être capable de saisir ce dont on a envie, et à l'inverse, ce qu'on refuse. Ce n'est pas vain. Ce ne sont pas des questions en l'air. C'est peut-être un des enjeux les plus essentiels de nos vies. Et si l'on parvient à « faire famille » sans souffrance ni mépris, sans humiliation ni violence, alors on parviendra aussi à faire société. Je vous souhaite une famille où vous vous sentez bien.

Ceci n'est pas une dinde. J'ai lu un jour qu'un des plus grands sujets de tension le soir de Noël n'était pas la politique, ni l'éducation, ni même les mœurs des uns ou des autres, mais bien le repas. La composition de l'assiette de réveillon autant que sa préparation semblent mobiliser des données si complexes que cela réveille d'intenses conflits. Les dilemmes se succèdent, créant d'épineuses zones de négociation où chacun tente d'asseoir sa vérité. Qui prépare et qui reçoit ? Qui finance ? Faut-il varier les plaisirs ou respecter les traditions ? Faut-il honorer l'exceptionnel ou privilégier une juste sobriété ? Doit-on tenir compte du régime alimentaire de notre cousine ou penser à la gourmandise de notre oncle ? Met-on les petits plats dans les grands ou s'autorise-t-on la détente ? Le sujet peut sembler trivial, telles des polémiques stériles pour privilégiés qui ne sont pas seuls et qui ont la chance de se préoccuper de ce qu'est la fête. En outre, il existe bien sûr des familles, et j'en fais partie, où la joie d'être ensemble est une évidence bien plus sacrée que n'importe quelle bûche glacée. Pour autant, si le sujet m'interpelle c'est parce qu'il est, je crois, plus profond qu'il n'y paraît. Ce que l'on mange est une extension de notre identité. On « fait » famille en se réunissant autour d'une table. Pour Lévi-Strauss, la nourriture peut être traitée comme un langage et les messages qu'elle véhicule nous renseignent sur l'organisation des relations familiales, sur la manière dont les liens se tissent, sur les inclusions, les exclusions et les rancœurs inavouées. Les repas sont une succession de moyens de communication. Au fond, l'enjeu n'est pas de savoir si on mangera une dinde, du butternut ou des Ferrero Rocher, mais plutôt de se demander : quels sont les messages que nous envoyons ? Quelle famille voulons-nous être ? Remercions-nous assez ceux qui préparent ? Quels combats sommes-nous en train de mener ? Le diable se cache dans les détails, et la reconnaissance des autres, dans les assiettes. Je vous souhaite de « faire » famille avec sérénité et de voir tous les plats cohabiter.

Ceci est une étoile. Nous sommes le 24 décembre. Déjà, ou peut-être, seulement. Il y a toujours quelque chose d'étrange dans cette journée. Comme si une confusion ouatée avait envahi l'air autour de nous. Il faut dire que Noël réunit tant de vécus différents. Pour les uns, de l'excitation, de la mélancolie, de l'agacement, de l'anxiété, ou pour d'autres l'immense soulagement d'être arrivés jusque-là et de retrouver les leurs. À chaque fête, je pense à tous ceux qui cette année ont dû subir la douleur d'une séparation, et le déchirement indicible que cela représente. À ceux, de garde ce soir, qui verront du réveillon de Noël une simple guirlande accrochée à un tableau de service. À ceux qui seront seuls, se demandant quelle est leur place dans le monde. À ceux qui serreront les dents devant des familles détestables, et à ceux qui souffriront, un soir de plus, de la faim et du froid. Bien sûr, je pense aussi aux heureux, qui comme moi profiteront du luxe insensé d'être en vie et d'être entourés d'indispensables. Nous n'avons pas tous les mêmes Noël, alors à défaut d'être joyeux, je vous souhaite un Noël d'amour. Un jour ample et chaud. Un jour de répit. À vous tous. Aux émerveillés et aux anxieux, aux accompagnés et aux solitaires, aux amateurs de plateaux de fruits de mer et aux passionnés de dindes, aux divorcés et aux pièces rapportées, aux enfants uniques et aux familles nombreuses, aux ostentatoires et aux ostensibles, aux éditeurs et aux auteurs, aux élèves et aux professeurs, aux consuméristes et aux décroissants, aux juifs et aux musulmans, aux traditionalistes et aux décadents, aux illuminés et aux nihilistes, aux intimidés et aux laissés-pour-compte, aux futuristes et aux « c'était mieux avant », aux wittgensteinniens et aux heideggeriens, à ceux qui croient et ceux qui espèrent, à ceux d'ici et ceux d'ailleurs. Un Noël de partage, de concepts et de lumières. Que ne durent que les moments les plus doux. Je vous souhaite une journée paisible.

Ceci est un édredon. La première fois que je suis tombée sur cette œuvre de l'artiste Sophie Calle, j'étais au lycée, mais je me souviens encore parfaitement du choc suscité par sa découverte. Il faut dire que son projet *Les Dormeurs* est particulièrement énigmatique. Il commence par ces mots : « J'ai demandé à des gens de m'accorder quelques heures de sommeil. De venir dormir dans mon lit. De s'y laisser photographier. De répondre à quelques questions. J'ai proposé à chacun un séjour de huit heures. […] Vingt-neuf personnes ont accepté de venir dormir. […] Je prenais des photographies toutes les heures. Je regardais dormir les hôtes. » S'ensuit un ensemble très énigmatique, composé de photos, elles-mêmes accompagnées de semblants d'interviews. En retombant dessus, je me suis demandé pourquoi le sommeil était quelque chose de si fascinant. Nous parlons tous du sommeil, aujourd'hui plus que jamais. Parce que nous en avons besoin, parce que nous en manquons, parce qu'il nous angoisse, parce qu'on y rêve ou qu'on y cauchemarde. Quoi qu'il en soit, le sommeil n'est pas neutre. Au-delà de ses fonctions biologiques, il est un espace symbolique extrêmement fort. Comment dormons-nous ? Avec qui ? À quel rythme ? Habillé de quelles espérances de réparations ou de performances ? Pourquoi avons-nous tant de mal à aller nous coucher, à lâcher nos écrans, même dans l'épuisement ? Je fais partie de ceux terriblement angoissés par l'endormissement, et soulagés par l'aube, comme si dormir, c'était concéder quelque chose. Et c'est peut-être ici que quelque chose se joue. Le sociologue Émile Durkheim l'analyse ainsi : « Le relâchement psychique du sommeil semble bien être dans un repos de la volonté. Cette faculté, dans la veille, est toute-puissante, toujours active. Pendant le sommeil elle se repose, se retire de la vie militante. Elle allège nos autres facultés du joug qui pesait sur elles. » Et si c'était ça le plus fou ? Accepter ce rien, ce blanc épais, ce vide que rien ne commande, cette lourdeur ou cette insomnie, qui sans nous demander notre avis, nous emmène jusqu'à une nouvelle lumière. Le plus artistique des sujets. Je vous souhaite de vous coucher tôt.

Ceci est une ode à nos étrangetés. Il y a peu, j'ai posé une drôle de question à une amie. Je lui ai demandé pourquoi le film *E.T.* de Steven Spielberg avait eu autant de succès. Sa réponse fut, je crois, tout aussi insolite que ma question : « Bah enfin, parce qu'on a tous un copain étrange, donc forcément on s'identifie. » Je ne sais pas si on peut véritablement faire tenir le succès d'*E.T.* dans cette affirmation, mais l'évidence avec laquelle elle a prononcé sa réponse m'a profondément touchée et m'a fait réfléchir. Nous sommes en 1982, un vaisseau d'extraterrestres arrive sur Terre, très proche de Los Angeles. L'un de ses occupants part en exploration et rencontre Elliott, un petit garçon de dix ans, du genre timide et solitaire. Une amitié, à la fois rare, fusionnelle et intense, s'installe entre l'humain et la créature. Bien entendu, le fil conducteur du film est aussi la question de l'exil mais il y a effectivement au centre du récit la perspective d'être ami avec quelqu'un qui n'est pas « notre semblable ». En écoutant son argumentation, je me suis dit que j'avais souvent dû être cette « copine étrange ». Celle dont les comportements échappent parfois, mais qui compense en aimant indéfectiblement. Cependant, en creusant cette idée, j'ai aussi réalisé banalement que nous étions toujours « l'étrange » de quelqu'un. Et que l'amitié avait ceci de particulier qu'elle ne répondait pas à une union de normes, mais plutôt à une réunion de cœurs. Lorsqu'on regarde l'autre, le plus beau ce n'est sans doute pas nos points communs, c'est plutôt cette intrigante façon qu'il a de ne pas être pareil. C'est parce que l'autre n'a rien à voir avec nous qu'il est passionnant, et au fond, qu'il donne un sens à notre propre vie. Comme l'exprime Levinas : « Je est un Autre », c'est-à-dire que si nous étions seuls, nous gagnerions certes en tranquillité, mais nous n'aurions pas l'opportunité d'évoluer, de réfléchir, de nous dépasser. À la fin du film, E.T. dont le cœur est éclairé dans sa poitrine, disparaît à jamais dans le ciel, en laissant derrière lui un arc-en-ciel. Je nous souhaite de continuer à savourer nos amitiés extraterrestres.

Ceci n'est pas une dépendance. Il y a ce moment dans la vie où l'on apprend à faire du vélo. Certains usent de stabilisateurs, d'autres s'exercent directement avec deux roues. Mais quelle que soit la formule adoptée, il y a un geste dont on ne peut jamais faire l'économie : c'est celui de la main alliée qui tient notre selle pour nous aider à nous élancer. Cette main appartient à nos parents, à nos frères et sœurs, à notre grand-mère, ou à un moniteur, peu importe, c'est grâce à sa présence, qu'encore maladroit et instable, nous arrivons à gagner de la vitesse et à avancer sur la piste. Peu à peu, on gagne en confiance, alors la main se fait plus légère et discrète, jusqu'à devenir inutile. Cette image du vélo m'a longtemps bouleversée, et elle continue de le faire. J'ai appris beaucoup de choses en autodidacte, j'ai souvent travaillé seule, j'ai le sens de la discipline chevillé au corps, mais à chaque fois que j'ai voulu progresser, avancer, me dépasser, explorer autrement, j'ai eu besoin, et surtout, j'ai eu la chance, de rencontrer un « passeur ». Littéralement, le « passeur » est la personne qui « fait passer une rivière », en somme qui nous permet de la traverser afin d'atteindre de nouveaux territoires. L'expression, dans les situations d'immigration, a parfois pris une connotation funeste, abusive, monnayée, mais peut-être qu'il ne tient qu'à nous de la réhabiliter. Car dans combien de circonstances avons-nous eu besoin d'une main amie pour nous aider à enjamber ? C'est parfois dans le cadre d'une discipline sportive, lorsqu'on sent que l'on stagne. C'est dans la vie professionnelle, pour agrandir nos perspectives. C'est au cœur de l'intimité, pour négocier un virage et voir autrement. À la différence du professeur qui délivre un contenu précis et objectivable, le « passeur » n'est là que pour renforcer, et faire jaillir ce qui est déjà présent au plus profond de nos entrailles, de nos rêves et de nos facultés. C'est un pied de nez à l'égoïsme rampant, à l'individualisme absurde. Nous sommes tous, tour à tour, passeurs et

« traversants ». Merci à mes passeurs de m'ouvrir ce chemin. Je vous souhaite deux roues qui s'élancent.

Ceci n'est pas une pantoufle. Je ne sais pas quel est votre souvenir de *Cendrillon*, peut-être que vous y voyez un énième récit où le salut vient de l'homme et où la seule action consiste à se faire jolie pour aller au bal. Mais ne peut-on pas percevoir cette histoire autrement ? La première trace écrite de Cendrillon apparaît dans un manuscrit chinois vieux de trois mille ans. Pourquoi des contes si anciens nous parlent-ils encore autant ? Sans doute parce qu'il y a mille manières de les lire. C'est ainsi que l'auteur de théâtre Joël Pommerat propose une tout autre vision de Cendrillon. Plus que la jalousie ou l'exploitation, son chagrin réside dans la perte. Sa Cendrillon est une fillette traumatisée par la mort de sa mère. Elle pense avoir mal compris les derniers mots de celle-ci et se croit obligée de penser constamment à elle pour la maintenir en vie. Son aliénation n'est pas celle de la marâtre, mais une dévorante culpabilité. Au bal du roi, elle rencontre un prince rempli de doutes. Un prince fragile, solitaire, bouleversé lui aussi par l'absence de sa mère, et qui donne en gage d'amitié à Cendrillon sa propre chaussure. Dans cette version, le sujet du conte devient celui du deuil d'un être aimé. Cette peine abyssale dont il faut apprendre à se libérer pour poursuivre son existence. Cendrillon se demande sans cesse comment penser aux autres sans s'oublier. Comment continuer à vivre malgré la peine. Loin d'être spectatrice, sa Cendrillon traverse ses émotions et tente de s'accepter pour chaque jour un peu plus se ressembler et apprendre à s'aimer. Voilà peut-être la véritable féerie à viser. Une princesse et un prince, vulnérables et courageux, tentant de naviguer sur les récifs de l'existence. Je vous souhaite de trouver votre Cendrillon.

Ceci n'est pas une étincelle. La remarque fuse. Insupportable. Grossière. Ridicule. Elle nous pique, nous démange. La colère monte. S'immisce partout. Elle accélère le rythme cardiaque, rosit nos joues. Et charge notre vocabulaire d'offenses qu'on pense être légitimes. L'insulte se fracasse contre notre visage. On monte le ton pour faire plier l'autre. Les poitrines se gonflent d'orgueil et de rage. Il ne doit rester qu'une seule voix. Il faut réagir, par peur de se faire avoir, par crainte de passer pour celui qu'on abuse, celui qui n'est pas au courant que la vie est une joute qui se gagne à grand renfort d'impulsions. Alors on se précipite. On rédige un texto assassin. On balance notre uppercut. Et pourtant, à peine sont-ils prononcés, que déjà les mots nous brûlent, nous assaillent de regrets et de culpabilité. Combien sommes-nous à nous être laissé déborder par un flot de paroles confuses et malhabiles ? Combien de fois avons-nous cédé à des réactions sans en mesurer la teneur ? On flirte avec le paradoxe. Car en redoutant de passer pour un idiot, on le devient. Étranger à nos pensées, à nos émotions, à nos convictions. Ne pas réagir ne suppose pas que l'on accepte, encore moins que l'on est indifférent. Au contraire. Ne pas réagir, c'est permettre à la réponse de trouver son espace. C'est travailler sur ce que l'on veut vraiment dire, opposer, défendre, soutenir. C'est articuler sa pensée, plutôt que de se jeter dans cette pétrifiante accélération. Réagir n'impose rien, réagir dépossède de cette réponse qui mérite pourtant si souvent d'être entendue. « C'est toujours la colère qui, à force d'être exercée et assouvie, finit par ne plus savoir ce que c'est que pitié, abjure tout pacte avec la société humaine et se transforme en cruauté. » – Sénèque, *De la colère*. Je vous souhaite une journée où vos mots prennent le temps d'être trouvés.

Ceci n'est pas seulement gênant. C'est aussi kitsch. Dérivé du verbe *kitschen*, qui signifie en allemand « ramasser des déchets dans la rue pour les revendre », le kitsch est apparu en 1875 dans les milieux artistiques munichois pour signifier une image de qualité médiocre. Il substitue à la notion d'œuvre celle d'objet. Bon marché mais flatteur pour son acheteur, il appartient à ce qu'Hannah Arendt appelle la « culture de masse ». On expose l'objet kitsch fièrement, tout en assumant le fait qu'il n'est qu'une pâle copie de ce qu'il représente. Parce qu'il choisit le toc plutôt que le vrai, le kitsch transforme le monde en décor. Avec lui, une copie de paysage suffit au bonheur. Quoique déprécié par les critiques d'art, cet objet tape-à-l'œil a néanmoins été réhabilité par la haute société. Umberto Eco remarque que le banquier new-yorkais ou l'artiste peuvent aimer les nains en plastique inspirés de Walt Disney, car ils jugent leur laideur tellement intéressante qu'elle en devient délicieusement exposable. Pour une classe sociale aisée et « savante » qui décline ses amusements, non sans mépris, l'objet kitsch reste de mauvais goût, mais « sous contrôle », il devient drôle. Le plaisir qu'il suscite n'est pas transgressif. Il est provoqué par le ridicule de l'objet, aimé pour son ridicule même. De quoi voir autrement ce qui nous met mal à l'aise. Je vous souhaite d'explorer les limites de votre goût.

Ceci est notre territoire. C'est l'histoire d'une caverne dans laquelle des prisonniers sont enchaînés depuis leur naissance. Sur les murs, ils ne voient que leurs propres ombres, et celles des objets passant devant une source lumineuse. Les choses qu'ils observent sont des reflets de la réalité, pourtant ils l'ignorent, ils se contentent des images qui s'agitent sous leurs yeux. Mais un jour, l'un d'eux parvient à se libérer et à sortir de la caverne. C'est alors qu'il découvre ce qu'est le réel et comprend que, jusqu'à présent, il ne voyait que des ombres. Il mérite alors le nom de philosophe, celui qui préfère le sentier rocailleux au confort de la grotte. Fier de sa découverte, il redescend pour prévenir les autres et leur annoncer leur erreur. Sauf qu'il est encore un peu ébloui par le soleil et fait preuve d'une immense maladresse. Il trébuche, tandis que les autres qui se moquent de lui ne le croient pas et envisagent de le tuer. Les prisonniers renoncent à sa nouvelle, ils se fichent de l'accès aux idées. Car que faire de ces réalités supérieures ? L'allégorie de la caverne, présentée par Platon dans *La République*, est un classique incontournable de la philosophie. Elle l'est tellement qu'on oublie parfois la question qu'elle suppose. Ce que nous tenons pour réel n'est qu'un fantôme de réalité, notre perception est erronée, nous sommes misérablement attachés à nos projections. Pour y remédier, nous devons accepter d'utiliser notre raison, afin de comprendre les formes et ne pas être dupe de nos fictions. Éduquer revient à faire le trajet qui mène le prisonnier de l'ombre souterraine à la lumière du jour. Faire apprendre, ce n'est pas remplir un esprit d'un nouveau contenu : c'est faire parcourir à celui-ci le chemin qui mène des images d'images aux images, et de celles-ci aux réalités originelles. Mais est-ce si simple ? Est-ce que nous sommes prêt à être ébloui par la lucidité aride du dehors ? Sans doute que je ne suis pas assez philosophe, car ce trajet me semble parfois d'une dureté inouïe. Pourtant je crois qu'il vaut la peine, car le soleil est aussi ce qui permet la vie. Je vous souhaite le courage du dehors.

Ceci n'est pas exotique. « Ce n'est pas qu'elle t'aime pas, c'est juste qu'elle a trop le seum ! » Il y a quelque chose d'extraordinaire dans le langage, c'est de constater à quel point un petit mot, composé de quelques syllabes anodines, peut porter d'incroyables significations. Le *seum* vient d'un terme arabe, *sèmm*, qui désigne littéralement « le venin ». On comprend assez facilement qu'avoir le *seum* évoque donc toutes les circonstances de nos vies où l'on ressent du dégoût, de la colère, une sorte de ras-le-bol qui s'immisce dans la chair, qui nous empoisonne et qui irrite nos nerfs. Le *seum* impose une réflexion sur l'abattement, sur ces nouvelles qui nous rongent, sur ces pensées qui nous obsèdent. C'est une déception qui vient nous cueillir au réveil, c'est un inattendu qui déclenche notre rage. C'est la panne sur le bord d'autoroute qui stoppe toute perspective d'avancement. Mais il y a autre chose dans ce puissant poison : le *seum* est aussi une manière de désigner nos aigreurs, nos petites jalousies ordinaires. On a le *seum* parce que quelqu'un a quelque chose que nous voudrions, et que pourtant, nous n'avons pas. Terrible perspective qui renvoie à nos insécurités les plus profondes, à nos injustices d'enfance. On devient âpre, on aiguise notre mauvaise foi, on entraîne autrui dans nos justifications les plus mesquines. On prétend, on s'épuise, on agite notre courroux que l'on juge légitime. En somme, le venin nous envahit au point de faire de nous des vipères. Je crois que nous sommes tous, plus ou moins consciemment, passés par là. Alors que faire, ramper jusqu'à la terre, jusqu'à s'enfoncer dans le sable pour calmer notre frustration ? Peut-être avons-nous une autre option, celle de faire dialoguer les usages de l'arabe, et laisser le *seum* pour se fondre dans cet autre mot, le *keyif.* Accepter ce qui est, ce qui vient, et reposer nos armes ; jouir d'autres sensations. Le *seum* n'est qu'un instantané, à nous de le remplacer par une saveur, par une douceur, par une conscience qui profite de son plaisir au lieu d'envier celui des autres. Je vous souhaite de kiffer loin du *seum.*

Conclusion

Ceci est une traversée. C'est fou le nombre de métaphores de navigation que je peux faire dans une journée. J'ai pourtant un peu de vocabulaire, et ce n'est pas non plus comme si je savais conduire un bateau, mais systématiquement, ce sont toujours les mêmes images qui reviennent, des images d'embarcation voguant sur les flots. Car je crois que rien ne traduit plus justement cette singulière traversée qu'est l'existence que les calmes plats, les houles, les tempêtes, les voiles qui se déchirent, les longs moments d'errance, les couchers de soleil et les aubes salées. Et ce long voyage, je suis profondément heureuse de ne pas le faire en solitaire, comme ses marins qui n'ont que les mouettes pour interlocuteurs. Je bénis le hasard du ciel de m'avoir offert le plus beau des équipages, un capitaine et des équipiers, des moussaillons et des matelots, des passagers au long cours et des pirates embarqués. Je ne suis pas de ceux qui savent tenir le cap sans être accompagnés, je suis incapable de résister aux bourrasques sans pilote sur qui m'appuyer. Et même si parfois, j'ai envie de me planquer dans la cale et d'attendre que la tourmente passe, je mesure ma chance d'avoir des voix, des mains, des regards, qui eux savent reprendre la barre. Il en faut du temps pour apprendre à s'entourer, pour aimer et le dire. Il en faut du courage pour perdre pied et se faire aider, pour trouver sa juste place, son poste d'observation, pour définir ses forces et ses défaillances. Mais quand on y parvient, alors aucune terre ne semble inaccessible, aucune odyssée impossible. Alors qu'importent les sirènes, la puissance des vagues, l'audace du vent ou l'ardeur des rochers. Qu'importe le voilier ou le radeau, si on sait avec qui le partager. « L'éternité, c'est la mer mêlée au soleil », dit Arthur Rimbaud. L'éternité, c'est surtout la mer et le soleil contemplés avec des êtres aimés. À tous ceux qui ici se reconnaîtront, merci pour la traversée.

Je vous souhaite de chérir votre équipage.

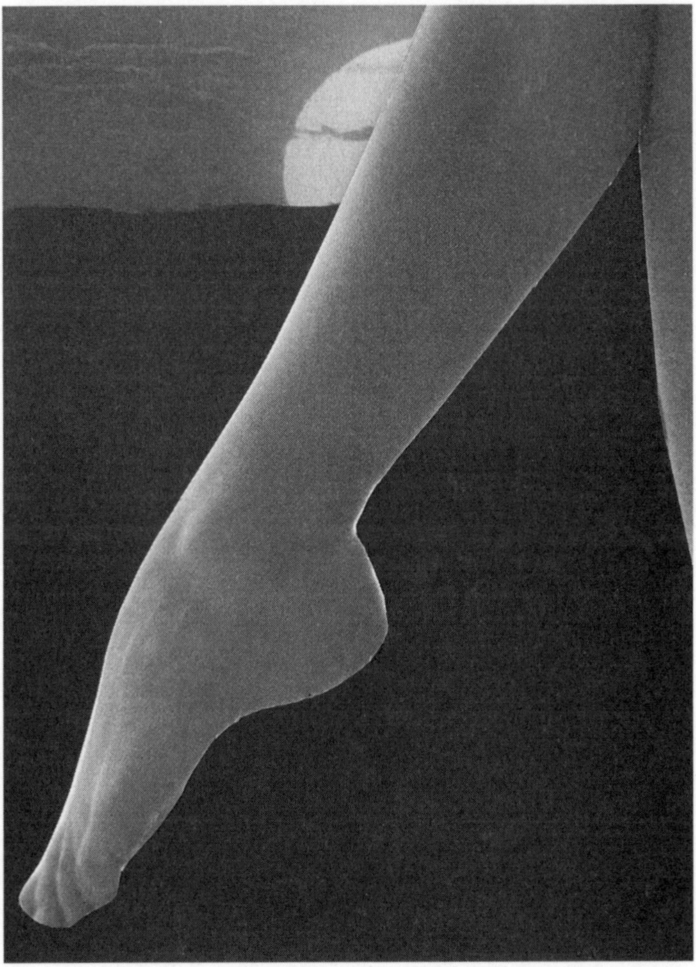

Remerciements

À toutes les nuits qui se sont couchées pour me permettre d'écrire à l'aube. Au monde qui s'offre et s'explore. Aux inconnus qui m'inspirent tant. Aux auteurs sans qui je serais bien vide.

À tous ceux qui ont donné de leur temps pour s'approprier mes mots. À ces lecteurs dont les commentaires ont éclairé mes matins et qui par leur fidélité ont donné à cette toile la plus précieuse des résistances.

À ces âmes qui un jour ont suffoqué, aimé, tangué, pleuré, palpité.

À Lia Rochas-Páris pour son talent, son existence, sa fantaisie, et pour notre amitié qui donne corps à l'inconditionnel.

À mon Coco qui, je le sais, lit vraiment les statuts.

À mon Sebasky, dont la concentration est de plus en plus performante (un jour tu parviendras à les découvrir d'une traite).

À mon frère, mon éditeur, mon jumeau, qui depuis cinq ans fait de sa confiance le plus précieux des défis à honorer.

À Susanna, pour sa constance à mes côtés.

À Claire, pour ses yeux avisés.

À Mymy, pour ces deux ans de soutien absolu qui m'ont permis d'avoir l'esprit libre à chaque réveil.
À Amanda, Ioana et Sophie, qui habillent mes réveils.
À mes équipes, pour les respirations qu'elles m'offrent.

À mon papa, pour sa délicatesse et son regard si doux.
À ma maman, pour ses indéfectibles baisers du matin.

À Alex, pour tous nos tours de cadran qui sont des enchantements.

Table

CECI EST UNE AVENTURE PHILOSOPHIQUE

Retrouvez tout l'univers de

Marie Robert

en poche !

J'AI LU

Cet ouvrage a été mis en page par IGS-CP
à L'Isle-d'Espagnac (16)

Achevé d'imprimer en octobre 2022
par Normandie Roto Impression s.a.s.
61250 Lonrai
N° d'impression : 2204064
N° d'édition : 547333-0
Dépôt légal : octobre 2022

Imprimé en France